SOBRE A UTILIDADE E A DESVANTAGEM DA HISTÓRIA PARA A VIDA

Segunda consideração extemporânea

Friedrich Nietzsche

André Itaparica (*organização e tradução*)

1ª edição

hedra

São Paulo_2017

Friedrich Nietzsche (Röcken, 1844–Weimar, 1900), filósofo e filólogo alemão, foi crítico mordaz da cultura ocidental e um dos pensadores mais influentes da modernidade. Descendente de pastores protestantes, opta no entanto por seguir carreira acadêmica. Aos 25 anos, torna-se professor de letras clássicas na Universidade da Basileia, onde se aproxima do compositor Richard Wagner. Serve como enfermeiro voluntário na guerra franco-prussiana, mas contrai difteria, a qual prejudica sua saúde definitivamente. Retorna a Basileia e passa a frequentar mais a casa de Wagner. Em 1879, devido a constantes recaídas, deixa a universidade e passa a receber uma renda anual. A partir daí assume uma vida errante, dedicando-se exclusivamente à reflexão e à redação de suas obras, dentre as quais se destacam: *O nascimento da tragédia* (1872), *Considerações Extemporâneas* (1873-1874), *Assim falava Zaratustra* (1883-1885), *Para além do bem e mal* (1886), *A genealogia da moral* (1887) e *O anticristo* (1895). Em 1889, apresenta os primeiros sintomas de problemas mentais, provavelmente decorrentes de sífilis. Falece em 1900.

Publicada em 1874, a segunda das quatro considerações extemporâneas, *Sobre a utilidade e a desvantagem da história para a vida*, foi definida pelo autor, em sua autobiografia, *Ecce Homo*, como sendo o tratado que: "traz à luz o que há de perigoso, corrosivo e envenenador da vida na nossa forma de prática científica: a vida *doente* dessa engrenagem e mecanismo desumanos, da '*im*pessoalidade' do trabalhador, da falsa economia da 'divisão do trabalho"'. Nessa obra, "o 'sentido histórico', do qual nosso século se orgulha, foi pela primeira vez reconhecido como doença, como signo típico da decadência".

SOBRE A UTILIDADE E A DESVANTAGEM DA HISTÓRIA PARA A VIDA

Segunda consideração extemporânea

título original Vom Nutzen und Nachteil der Historie für das Leben
edição consultada *Sämtliche Werke.* De Gruyter, 1988
primeira edição 1874

edição Jorge Sallum
coedição José Eduardo Góes
assistência editorial Equipe Hedra

ISBN 978-85-7715-545-3

Grafia atualizada segundo o Acordo Ortográfico da Língua Portuguesa de 1990, em vigor no Brasil desde 2009.

EDITORA HEDRA LTDA.
R. Fradique Coutinho, 1139 (subsolo)
05416-011, São Paulo-SP, Brasil
Telefone/Fax +55 11 3097 8304

editora@hedra.com.br
www.hedra.com.br

Foi feito o depósito legal.

André Luis Mota Itaparica é doutor em filosofia pela Universidade de São Paulo (USP) e professor da Universidade Federal do Recôncavo da Bahia (UFRB). É autor de *Nietzsche: Estilo e moral* (Discurso/Unijuí, 2001), *Verdade e linguagem em Nietzsche* (Edufba, 2014), numerosos artigos e contribuições a obras sobre Nietzsche, Crítica da Moral, Idealismo, Realismo, Natureza, Cultura etc.

Sumário

Introdução

André Itaparica

Publicada em 1874, a segunda das quatro considerações extemporâneas, *Sobre a utilidade e a desvantagem da história para a vida*, foi a que teve a menor repercussão quando de seu lançamento. Não foi recebida com muito entusiasmo pelos círculos wagnerianos (causa pela qual Nietzsche militava), foi objeto de críticas severas de seu amigo e leitor das primeiras provas de impressão, Erwin Rohde, e teve como resposta do grande historiador Jacob Burckhardt, seu colega na Universidade de Basileia, uma carta em grande medida formal e distante (embora Nietzsche não a tenha percebido exatamente dessa maneira). Sem entrar no mérito dessas avaliações, o fato é que Nietzsche se abateu com essa recepção imediata, e como resultado a obra passou a ser um livro pouco comentado pelo próprio Nietzsche.[1] Em sua autobiografia, *Ecce homo*, ao contrário das demais considerações extemporâneas, que são exaltadas, a segunda ganha elogiosas, mas parcas linhas: "A *segunda*

---

1. Sobre a história da curta elaboração da segunda extemporânea, da recepção inicial e de seu efeito sobre o ânimo de Nietzsche, há um importante ensaio de Jörg Salaquarda: "Studien zur zweiten Unzeitgemäßen Betrachtung". In: *Nietzsche-Studien*, 13, 1984, pp. 1–45.

extemporânea traz à luz o que há de perigoso, corrosivo e envenenador da vida na nossa forma de prática científica: a vida *doente* dessa engrenagem e mecanismo desumanos, da '*im*pessoalidade' do trabalhador, da falsa economia da 'divisão do trabalho'. Perde-se o fim, a cultura: – o meio, a moderna prática científica, *barbariza*... Nesse tratado o 'sentido histórico', do qual nosso século se orgulha, foi pela primeira vez reconhecido como doença, como signo típico da decadência".[2] Não deixa de ser irônico que posteriormente esse escrito sobre a história passaria a ter um reconhecimento por parte da fortuna crítica só comparável, entre as primeiras obras de Nietzsche, ao *Nascimento da tragédia.* Nos livros clássicos de Karl Jaspers[3] e Walter Kaufmann[4], a segunda extemporânea tem um lugar de destaque na discussão sobre a filosofia da história de Nietzsche, e Martin Heidegger chegou a conduzir um seminário exclusivo sobre ela, em Freiburg, no semestre de inverno de 1938–39. Hoje poucos discordariam de que é muito difícil discutir a filosofia da história e a filosofia da cultura de Nietzsche sem recorrer a esse livro complexo, ambíguo e provocativo.

Esse caráter de texto de intervenção das extemporâneas é um traço patente também no escrito sobre a história, o que se revela desde as primeiras linhas do pre-

---

2. Nietzsche, F. *Ecce homo.* Berlim/Munique: Walter de Gruyter, 1988, p. 316.

3. Jaspers, Karl. *Nietzsche:* Einführung in das Verständnis seines Philosophierens. Berlim: Walter de Gruyter, 1936.

4. Kaufmann, Walter. *Nietzsche:* Philosopher, Psychologist, Antichrist. Princeton: Princeton University Press, 1950.

fácio, com a defesa goethiana do saber como estímulo à ação. O próprio título da série de livros já atesta essa preocupação: *Unzeitgemässe Betrachtungen* pode ser parafraseado como "considerações, reflexões ou meditações que trazem a marca da inconformidade e intempestividade para com a época presente". E se as primeiras linhas do prefácio trazem fortes palavras de Goethe, ele se encerra, por sua vez, com as não menos fortes palavras de Nietzsche, apresentando uma definição lapidar do que ele entende por extemporaneidade: "Para tanto, permito-me confessar, até pela minha profissão de filólogo clássico: não saberia que sentido teria a filologia clássica em nossos dias senão o de intervir extemporaneamente – isto é, contra a época, sobre a época e a favor de uma época futura" (p. 31).

Se sua natureza aguerrida e sua prosa ao mesmo tempo poética e aguda são fáceis de perceber, o mesmo não se pode dizer do tema e das teses do livro, assunto sobre o qual seus leitores dificilmente chegam a um acordo. Apesar de em seu título constar a palavra de origem latina *Historie* – e não o termo de origem germânica *Geschichte* –, o que conotaria um estudo exclusivo sobre uma disciplina acadêmica, a historiografia, sua discussão não se limita a essa fronteira. Nietzsche debate sobretudo as consequências culturais da espécie de relação com a história que é fomentada por uma época. Não se trata, também, como muito se pensou e sua própria narrativa em *Ecce homo* pode nos levar a crer, de uma avaliação unicamente negativa da cultura histórica, pois para ele há também uma forma afirmativa – e mesmo inelutável para o homem – de se relacionar com a história: por meio do tempo vivido e da memória. Nesse aspecto, vemos como a crítica cultural e a reflexão filosófica sobre a temporalidade se encontram neste livro de forma imprevista e surpreendente.

O título *Sobre a utilidade e desvantagem da história para a vida*, se bem interpretado, já nos oferece muitas pistas sobre o tema e o objetivo do livro. Nietzsche procura realizar um estudo sobre o historicismo, nas inflexões que lhe são contemporâneas (particularmente o hegelianismo e o positivismo), mas, e isso é o fundamental, identificando nessas escolas antes de tudo uma exacerbação de uma faculdade propriamente humana, o sentido histórico, ou seja, a capacidade de perceber e dar significado ao passado através da memória. Dada a impossibilidade de nos desvencilharmos da história, pois o homem é essencialmente um ser histórico (o passado e a memória fazem parte de sua experiência no mundo), cabe saber até que ponto ela auxilia ou prejudica a vida, vista aqui não como um conceito biológico, mas como a experiência da vida humana, que só pode ser pensada no interior de uma cultura, como bem observaram Martin Heidegger[5] e Volker Gerhardt[6]. Vemos, assim, que há um contexto filosófico e antropológico vasto e profundo nessa compreensão da história. Do mesmo modo, a crítica de Nietzsche ao fazer histórico de sua época

---

5. Heidegger, Martin. *Zur Auslegung von Nietzsches II.* Unzeitgemässer Betrachtung. Frankfurt am Main: Klostermann, 2005.

6. "Leben und Geschichte. Menschliches Handeln und historischer Sinn in Nietzsches zweiter 'Unzeitgemäßer Betrachtung"'. In: *Pathos und Distanz.* Studien zur Philosophie Friedrich Nietzsches. Stuttgart: Reclam-Verlag, 1988, 133–162.

não se reduz à disciplina histórica, nem às correntes filológicas de sua época,[7] mas às próprias concepções de ciência e de conhecimento que permeiam essa prática e, mais que isso, às consequências que essa prática pode ter em toda uma cultura. Trata-se do perigo do excesso de sentido histórico, que leva a uma exacerbação de estudos de caráter historiográfico em todas as disciplinas das ciências do espírito, acabando por produzir uma mera erudição sem relação com a vida e com o impulso à ação e à renovação da cultura: "É apenas na medida em que a história serve à vida que queremos a ela servir; mas existe um grau no exercício e na valorização da história em que a vida fenece e se degenera: um fenômeno que experimentamos agora, tão necessário quanto doloroso possa ser, como um estranho sintoma de nossa época" (p. 30). Essa desmedida de estudos históricos representa, segundo Nietzsche, aquela espécie de conhecimento que Goethe consideraria digna de ódio, por não conduzir à ação. Por outro lado, o reconhecimento de um serviço da história para a vida aponta para o seu aspecto afirmativo, o que será desenvolvido nos três primeiros capítulos do livro.

O primeiro capítulo inicia-se com uma referência a um poema de Giacomo Leopardi ("Canto noturno de um pastor da Ásia"): ao observar os animais, o homem

7. Sobre uma possível relação entre as três formas de história e as correntes filológicas da época de Nietzsche, ver: Jensen, Anthony K. "Geschichte or Historie? Nietzsche's Second Untimely Meditation in the Context of Nineteenth-Century Philological Studies". In: Dries, Manuel (ed.). *Nietzsche on Time and History.* Berlin: Walter de Gruyter, 2008.

descobre que é incapaz de ter a felicidade deles, pois esta repousa na inaptidão que eles têm de ter consciência do passado, enquanto o homem não consegue se desvencilhar de suas memórias. A história, assim, aparece como um fundamento antropológico, mas também como causa de miséria e sofrimento humanos. Incapaz de viver aistoricamente como o animal, o homem tem de saber refrear o seu sentido histórico, assim como possuir um grau de uma força plástica capaz de absorver o passado e transformar sua matéria num impulso vital, a fim de intervir no presente e edificar um futuro. O histórico e o aistórico são, nesse sentido, duas possibilidades fundamentais da relação humana com a história. Para a história servir à vida é necessário que haja um equilíbrio entre o caráter histórico da memória e o caráter aistórico do esquecimento: "*o histórico e o aistórico são igualmente necessários para a saúde de um indivíduo, de um povo e de uma cultura*".

Além do histórico e do aistórico, há ainda uma terceira forma de se relacionar com o passado, o ponto de vista supra-histórico: uma visão daquilo que é eterno. Ele é alcançado quando a pesquisa histórica, ao identificar o acaso, a insensatez e a injustiça que alimentam os processos históricos, ao mesmo tempo que supera o ponto de vista histórico, conduz a uma perturbadora indiferença para com o passado. Para os homens supra-históricos, "o passado e o presente são uma e mesma coisa, ou seja, em toda multiplicidade, são tipicamente iguais e, como uma onipresença de tipos perpétuos, são uma imagem paralisada de valor invariável e de significado eternamente idêntico" (p. 43). Enquanto o aistórico é como uma névoa envolvente e obscura que permite que o homem seja parcial e por isso se arrisque na ação, e o histórico é o portador da esperança num futuro, o ponto de vista supra-histórico, diferentemente, representa o abandono da própria história. O supra-histórico despreza a história, pois nela só vê o mesmo desenrolar vazio do acaso, não tendo assim nada a ensinar ao presente nem nada a ofertar ao futuro. A prática histórica, como um jogo entre esses pontos de vista, não pode seguir o modelo de uma ciência pura, como queriam os positivistas, mas constituir-se num exercício comungado com uma forma de vida e com um traço de caráter individual, o que determinará as três espécies possíveis de história – monumental, antiquária e crítica – que serão apresentadas nos segundo e terceiro capítulos da obra.

A discussão sobre as três espécies de história possui inegável apelo, pela riqueza conceitual e pelo estímulo à reflexão sobre os princípios, limites e objetivos do saber histórico. Cada uma dessas formas de fazer história corresponde a uma espécie de homem. A monumental corresponde ao homem de ação, que precisa ver na história os grandes homens e os grandes feitos como exemplos a serem reproduzidos; a antiquária corresponde ao homem reverente ao passado, que cultiva uma relação de respeito e satisfação com a história de sua nação e de seus antepassados; a crítica, enfim, corresponde ao homem que quer se libertar dos grilhões da tradição, negando o passado. Assim como para cada tipo de história existem traços de caráter que lhe convém, terá cada tipo também suas vantagens e desvantagens para a vida.

A vantagem da história monumental consiste no fato de que ela leva o homem à ação. Compreendendo a história através dos momentos de irrupção dos grandes nomes e das grandes realizações, ela incentiva aquele que a cultiva a realizar grandes atos, para se tornar, ele mesmo, uma figura histórica importante. O historiador monumental rebela-se contra a mediocridade do presente e pretende criar algo de grandioso, já que ele entende a história como uma "cordilheira" formada pelas mais elevadas realizações. Se essa é a vantagem da história monumental, sua desvantagem consiste em mitificar o passado, transformando-o numa ficção. Além disso, essa história desconsidera a diversidade de causas que conduzem a história, ao cultivar a falsa crença de que os mesmos atos podem ser repetidos independentemente das injunções das distintas épocas. A fim de corroborar essa crítica, o futuro arauto do eterno retorno, para a surpresa dos pósteros, não se esquivará de ridicularizar a versão pitagórica dessa ideia: "No fundo, aquilo que uma vez foi possível só poderia ocorrer uma segunda vez se os pitagóricos estivessem certos em acreditar que, dada uma constelação idêntica de corpos celestes, as mesmas coisas deveriam repetir-se também na Terra, nos mínimos detalhes, de tal modo que sempre que as estrelas estiverem numa certa posição em relação às outras um estoico e um epicurista se aliarão e assassinarão César e, num outro arranjo, Colombo novamente descobrirá a América (...). Provavelmente isso não acontecerá até que os astrônomos voltem a ser astrólogos".

No caso da história antiquária, o respeito ao passado representa uma conduta nobre, em contraposição a uma época que exalta o novo e despreza o antigo, como é a Modernidade. O historiador antiquário também fortalece os laços de união entre o indivíduo e sua nação. Satisfeito consigo mesmo e com seu passado, ele não busca modelos no estrangeiro, valorizando e preservando suas tradições. A desvantagem da história antiquária revela-se no seu exagero de reverência ao passado. Esta pode tornar-se uma veneração indiscriminada por tudo que é pretérito, sem nenhum critério ou medida de valor do que deve ser preservado, numa sofreguidão de tudo guardar e colecionar. Todo o passado é considerado digno de reverência, produzindo um nivelamento de todas as experiências e uma deturpação da história. Além disso, essa forma de fazer história leva ao imobilismo e à inação. Jubiloso com o seu passado, o homem antiquário não vê necessidade de interferir em sua época, transformando-se num fantasma do passado e num "coveiro do presente".

Por fim, a vantagem da história crítica é não ser subserviente ao passado de maneira alguma, o que ocorre, em graus distintos, com a história monumental e a história antiquária. O passado, para o historiador crítico, ao contrário, deve ser condenado e destruído, a fim de que se possa dele se libertar. A história mostra apenas a injustiça humana, e por isso o homem crítico precisa ser injusto com o próprio passado. Mas a negação de toda reverência pode ter sua desvantagem: os homens de caráter crítico são perigosos. Seu ímpeto deletério já é uma herança preocupante da ira e da violência atávicas que ele quer negar: "Pois lá onde somos resultado de gerações anteriores, somos também resultado de seus desvios, paixões, erros e até mesmo crimes; não é possível se livrar dessa cadeia. Se condenarmos aqueles desvios e nos tomarmos como libertos deles, isso não elimina o fato de que deles descendemos" (p. 63). Com isso a história crítica se revela, também, como uma forma de falsificar o passado.

Com a exposição das três formas de história vemos o desenrolar do jogo entre os pontos de vistas fundamentais. Exercidas por seu homem correspondente, cada espécie de história traz consigo suas vantagens e desvantagens para a vida. Cada uma delas responde ao impulso histórico quando procura uma forma de relação com o passado. E responde ao impulso aistórico quando falsifica de alguma maneira o passado, mesmo que inadvertidamente. Como em toda realização que tem um êxito vital, também o próprio fazer histórico precisa do aistórico para esse fim. Não é possível, portanto, uma objetividade histórica: onde a vida viceja, uma dose de criação e injustiça é necessária. O sonho positivista de uma história como ciência objetiva e neutra não é apenas uma ilusão e um erro, é também um desserviço à própria vida. O historiador, seja ele monumental, antiquário ou crítico, não é um espectador imparcial do passado; seu conhecimento já é uma perspectiva que recorta os eventos pretéritos de acordo com seu caráter, pendor e desejo. E a não ser que se tenha o sonho positivista, para Nietzsche não se deve lamentar essa característica falsificadora da história, desde que ela seja bem dosada e represente o exercício daquela força plástica com que o homem se apodera do passado em nome da ação e da vida. Mais uma vez, trata-se de saber ponderar as características de cada forma de história, para que suas desvantagens não superem suas vantagens. O critério básico para isso é que os fins vitais devam conduzir o conhecimento, e não o contrário. Se foi a história que nos tornou homens, então temos de lidar de alguma forma com ela. Os perigos dessa empresa, no entanto, são dois. Em primeiro lugar, que uma espécie de história não seja praticada pelo indivíduo que não possua as aptidões necessárias: a história monumental sem a força para realizar grandes ações, a antiquária sem a reverência à tradição, a crítica sem a necessidade de se libertar do passado. Em segundo lugar, que o sentido histórico se torne dominante e onipresente, levando toda uma cultura a uma séria crise, algo que Nietzsche, como sabemos, considera acontecer no momento em que escreve sua extemporânea.

Em sua época, diz Nietzsche, uma relação profícua entre história e vida se tornou impossível. Isso porque a história passou a ser considerada uma ciência positiva, ocupando-se apenas de acumular os dados os mais variados. Essa identificação entre "cultura" e "cultura histórica" seria estranha para um grego antigo, um povo que soube preservar o aistórico em sua vida. O homem moderno, assim, torna-se um repositório de informações dispersas, sem lhes imprimir uma forma ou direção. Isso resulta na inflação da interioridade, levando a um descompasso entre o interior e o exterior, entre forma e conteúdo, que é fatal para a vida. Para quem já tinha definido a cultura, na primeira extemporânea, "como unidade do estilo artístico em todas as expressões vitais de um povo" (p. 69), essa multiplicidade desagregada provocada pelo excesso de história só poderia conduzir a uma cultura artificial. E entre os povos modernos, para Nietzsche o alemão é o que mais tem uma interioridade exacerbada, com prejuízo do sentido da forma, produzindo assim uma cultura fraca e que acaba por se tornar um pastiche de outras culturas mais fortes. Essa visão sobre os alemães sem dúvida vem corroborar, nessa época, a militância por uma renovação da cultura alemã sob os auspícios da obra de arte wagneriana.

A personalidade enfraquecida pelo excesso de interioridade, se for um erudito, passará a expressar uma forma de indiferença em relação ao seu objeto de estudo. Se o conhecimento passa a ser concebido como a prática de acumular dados, compará-los e criticá-los, sem estabelecer uma relação com a vida, então o pesquisador, tornado mais um trabalhador braçal do que um instrumento da cultura, tratará seu material como um entre tantos outros. O trabalho intelectual, assim, torna-se uma atividade meramente burocrática e pouco inventiva. Nietzsche, ecoando a crítica de Schopenhauer, lamenta a redução da filosofia a mera historiografia: "Em que condições inaturais, artificiais e em todo caso indignas se encontra, em uma época que padece da cultura geral, a mais veraz de todas as ciências, a honesta e nua deusa filosofia! Ela permanece, naquele mundo de uniformidade superficial e forçada, como um monólogo erudito do passeante solitário, butim fortuito do indivíduo, oculto segredo de alcova ou conversinha frívola entre criançolas e velhotes acadêmicos. Ninguém pode ousar seguir, em si, as leis da filosofia, ninguém vive filosoficamente, com aquela hombridade singela que um antigo exigia de alguém que se comportasse estoicamente, onde quer que fosse ou o que fizesse, caso já tivesse jurado lealdade ao estoicismo" (p. 79).

Ao mesmo tempo, o homem moderno, com sua cultura histórica, por ter passado os olhos pelas mais diversas eras e acumulado conhecimento sobre elas, tem a ilusão de por isso ser mais justo do que os homens de épocas anteriores. Essa suposta justiça, no entanto, tem seus critérios de avaliação questionados por Nietzsche. O homem moderno, diz ele, acaba por adequar e julgar o passado a partir dos seus próprios valores atuais. Assim, a cultura histórica é, ironicamente, traída por seu anacronismo. Com seu elogio à objetividade e sua suspeita do subjetivismo, o historiador científico se ilude de que é capaz de reproduzir o passado fidedignamente, quando na verdade apenas reproduz o passado a partir das ideias vigentes em sua época. O problema, mais uma vez, não é tanto o falseamento, mas a ilusão de objetividade. Para Nietzsche, a história deve ser escrita com os olhos no presente, como incentivo à ação, e não apenas como a reprodução ilusoriamente objetiva de um passado. Desse modo, o que Nietzsche espera do historiador é que ele tenha a força da criação e a capacidade da ação. Só assim o passado servirá para a construção do futuro.

A forma moderna de praticar a história ignora a atmosfera aistórica que é fundamental para a constituição de um conhecimento que esteja a serviço da vida. Com isso, ela não só não alcança a pretendida objetividade, como também acaba por matar o que há de vida em seu objeto. Uma religião que fosse vista apenas pelo seu aspecto histórico, diz Nietzsche, seria o suicídio da própria fé. Ela se tornaria puro conhecimento da religião e não o exercício de uma crença, pois perderia sua aura sobrenatural. A história, por isso, deveria aproximar-se da arte, deveria exercer aquela força plástica, que é uma força artística, e se transformar em obra de arte. Para Nietzsche, isso seria a realização da história de acordo com os instintos humanos mais naturais. O retrato que Nietzsche faz da cultura histórica, em resumo, é a imagem de uma erudição vazia e balofa, que acumula informações sem seleção e que se ilude de sua própria importância, quando na verdade representa a negação de uma verdadeira cultura.

Nos capítulos finais, Nietzsche considera como a época em que prevalece essa cultura histórica reflete uma consciência irônica sobre si mesma: a de que ela é incapaz de triunfar sobre si mesma e de que seu valor reside unicamente em ser epigonal. Como marca dessa autoconsciência, que se concebe como o final de um processo universal, Nietzsche vê em Hegel a grande influência, e em Eduard von Hartmann sua paródia. No caso de Hegel, Nietzsche ironiza sua concepção da história como teleologia, assim como sua pretensão de encontrar na história leis necessárias e o progresso do espírito, numa *boutade* célebre: "para Hegel, o ápice e o fim último do processo universal coincidem em sua própria existência berlinense" (p. 114). No caso de Hartmann, seu contemporâneo, o tratamento é mais extenso e ainda mais corrosivo.

O comentador Anthony Jensen faz o seguinte resumo da filosofia de Hartmann: "A partir da união do pessimismo shopenhaueriano e o absolutismo histórico hegeliano, Hartmann argumenta que a tarefa de todo homem, mesmo o mais triste e distante da felicidade, é inadvertidamente fazer sua parte para facilitar esse fracionamento histórico progressivo da ideia consciente a partir da vontade inconsciente e, nessa época em particular, para realizar as condições para permitir o 'fim providencial' que é o niilismo cultural".[8] Em outras palavras, Hartmann adota uma vontade inconsciente (mas teleologicamente orientada) que se desenvolve num processo histórico universal até a realização do absoluto, que representa o *telos* último e tem um caráter niilista. Diante dessa filosofia, Nietzsche a caracterizará como uma paródia da filosofia da história hegeliana, que não se reconheceria como pândega, numa espécie de humor involuntário. Atribuindo a Hartmann pejorativamente o epíteto "galhofeiro dos galhofeiros", Nietzsche cita algumas passagens da *Filosofia do inconsciente* como exemplo de uma época senil, que se satisfaz em compreender como o fim último da existência a mediocridade cultural e que não vê a história como o resultado da ação humana individual (Hartmann teve oportunidade de se vingar posteriormente, em 1891 e em 1898, quando Nietzsche já não estava consciente,

8. Jensen, Anthony K. "The Rogue of All Rogues: Nietzsche's Presentation of Eduard von Hartmann's Philosophie des Unbewussten and Hartmann's Response to Nietzsche". In: *Journal of Nietzsche Studies*, 32, 2006, p. 45.

negando-lhe maior significado na filosofia e acusando-o de plagiário de Stirner).

No último capítulo, enfim, em contraposição a essa época senil, Nietzsche faz uma exortação à juventude, como esperança para a tão ansiada renovação da cultura alemã. É quando ele retorna, então, ao aspecto afirmativo da história, lembrando que caberá à juventude libertar-se da educação histórica que lhe é impingida e praticar a história a serviço da vida. Os antídotos para a cura da doença do excesso de história são retomados do início do livro: os pontos de vista aistórico e supra-histórico. O primeiro para o exercício do esquecimento; o segundo, agora visto em seu aspecto positivo, para desviar o olhar em direção às realizações culturais que se projetam para a eternidade: a arte e a religião. O modelo para a realização da nova cultura, numa época moderna e multifacetada, é o dos gregos: "Houve séculos em que os gregos se encontravam no mesmo perigo em que nos encontramos, ou seja, de sucumbir na inundação do estrangeiro e do passado, na 'história'. Eles nunca viveram numa intangibilidade orgulhosa: sua 'cultura', ao contrário, foi sempre, por muito tempo, um caos de formas e conceitos estrangeiros (...): semelhante a como hoje a 'cultura alemã' e a religião são em si um caos de toda terra estrangeira, de toda época anterior. (...) Os gregos aprenderam aos poucos a *organizar o caos* ao se voltarem, segundo o ensinamento délfico, a refletir sobre si, isto é, sobre suas necessidades autênticas e deixar perecer as necessidades ilusórias" (p. 145).

Como se vê, Nietzsche abarca, nesta breve *Consideração extemporânea*, um grande número de temas e preocupações, cujo núcleo é a história, não apenas e propriamente como disciplina acadêmica, mas como fundamento antropológico e forma de vida. A maior parte do livro, e a menos explorada, trata das várias consequências do excesso de sentido histórico para uma cultura. Resumir suas ideias numa curta introdução não faz justiça à complexidade e à sutileza de sua argumentação. Mas pelo menos poderá servir para direcionar o leitor nos intricados caminhos deste livro conceitualmente rico, esteticamente belo e filosoficamente fecundo.

Sobre a utilidade e a desvantagem da história para a vida

Prefácio

"Aliás,[1] odeio tudo aquilo que apenas me instrui, sem aumentar ou estimular diretamente minha ação".[2] Com essas palavras de Goethe, que expressam um resoluto *ceterum censeo*[3], pode ter início nossa consideração sobre o valor e desvalor da história. Nela se mostra por que o ensinamento sem vivência, por que o saber que entorpece a ação, por que a história como fútil excesso de conhecimento e luxo devem, nas palavras de Goethe, ser odiados – porque ainda nos falta o mais necessário,

1. Esta tradução baseia-se na edição crítica Colli-Montinari. *Sämtliche Werke.* Kritische Studienausgabe. Bd. 1. Berlim/Munique: Walter de Gruyter, 1988. Quando necessário, comparamos nossa tradução com as seguintes traduções: *Unfashionable Observations.* Trad. Richard Gray. Standford, California: Standford University Press, 1995; *Untimely meditations.* Trad. R. J. Hollingdale. Cambridge: Cambridge University Press, 1997; *Segunda consideração intempestiva.* Da utilidade e desvantagem da história para a vida. Trad. Marco Antônio Casanova. Rio de Janeiro: Relume Dumará, 2003; *Considérations inactuelles I et II.* Trad. Pierre Rusch. Paris: Gallimard, 1990. Para as notas do tradutor, foram úteis o aparato crítico da edição Colli-Montinari (Bd. 14) e as notas das edições mencionadas.

2. *Carta de Goethe a Schiller,* de 19/12/1798. Nessa passagem, Goethe faz um comentário sobre a *Antropologia* de Kant.

3. Palavras com que Catão, o Velho, finalizava seus discursos durante as Guerras Púnicas: "*Aliás, sou da opinião* de que Cartago deve ser destruída".

e porque o supérfluo é inimigo do necessário. É certo que precisamos da história, mas de maneira diferente do que dela precisa o ocioso mimado no jardim do saber, que pode nobremente olhar com desdém para nossas toscas necessidades e nossas rudes carências. Isto é, precisamos da história para a vida e para a ação, e não para uma cômoda renúncia da vida e da ação, ou ainda para a edulcoração da vida egoísta ou do ato covarde e vil. É apenas na medida em que a história serve à vida que queremos a ela servir; mas existe um grau, no exercício e na valorização da história, em que a vida fenece e se degenera: um fenômeno que experimentamos agora, tão necessário quanto doloroso possa ser, como um estranho sintoma de nossa época.

Esforcei-me em descrever uma sensação que me torturava com frequência; vingo-me dela tornando-a pública. Talvez essa descrição leve alguém a me dizer que também conhece essa sensação, mas que eu não a tinha sentido de forma pura e originária o suficiente, e por isso não me tenha expressado com a necessária segurança e maturidade da experiência. É o que talvez me diriam um e outro; a maioria, contudo, me dirá que essa é uma sensação distorcida, inatural, execrável e simplesmente ilícita, e ainda que eu, com essa sensação, mostrei-me indigno da tendência histórica atual, observada, como se sabe, há duas gerações entre os alemães. Agora, de todo modo, a fisiografia de minha sensação antes auxilia que prejudica o decoro geral, por oferecer a muitos a oportunidade de defender a tendência atual. De minha parte, ganho algo que para mim tem mais valor do que o decoro – instruir-me e ser corrigido publicamente sobre nossa época.

Extemporânea é esta consideração também porque nela procuro compreender a cultura histórica, da qual nossa época, com razão, se orgulha, como infortúnio, privação e carência; porque eu, além disso, acredito que todos nós padecemos de uma febre histórica devastadora e devemos, ao menos, reconhecer que dela padecemos. Mas, se Goethe tinha razão em dizer que com nossas virtudes construímos ao mesmo tempo nossos erros, e se, como todos sabem, uma virtude hipertrofiada – como o sentido histórico de nossa época parece ser – pode corromper um povo tanto quanto um vício hipertrofiado. Então, deixem que eu me manifeste. Para meu alívio, também não devo esconder que cheguei por mim mesmo às experiências que me provocavam aquela sensação torturante, só recorrendo a outros para efeito de comparação; e que eu, somente na medida em que sou pupilo de uma época mais antiga, ou seja, da grega, posso vir a ter, como um filho da época atual, experiências tão extemporâneas. Para tanto, permito-me confessar, até pela minha profissão de filólogo clássico: não saberia que sentido teria a filologia clássica em nossos dias senão o de intervir extemporaneamente, isto é, contra a época, sobre a época e a favor de uma época futura.

1

Observe o rebanho a pastar: ele nada sabe do que é o ontem e o hoje; saltita aqui e acolá, come, descansa, digere, novamente saltita, noite e dia, dia após dia. Em resumo, preso ao seu prazer e desprazer, estancado no instante, não se entristece nem se enfastia. Ver isso é difícil para o homem, que se vangloria de sua humanidade perante o animal, mas contempla enciumado a sorte deste – pois o homem apenas quer, como o animal, viver sem fastio e sem dor; mas o quer em vão, por não querer como aquele. O homem pergunta ao animal: "por que nada me diz de sua sorte e apenas me fita?" O animal quer responder e dizer: "acontece que eu sempre esqueço o que quero dizer" – mas já esquece essa resposta e silencia, e o homem se espanta.[1]

---

1. Passagem inspirada no poema "Canto noturno de um pastor da Ásia", de Giacomo Leopardi: "Oh, meu rebanho, que repousa, eu louvo/ Tua alegria, que te poupa de conhecer/ Tua miséria. Ah, como te invejo!/ Não apenas porque pareces livre/ De quase toda dor/ Labuta, perda, o pior temor são esquecidos no instante/ Mais ainda porque o fastio nunca te tortura!/ Quando tu escolhes, na grama e na sombra, onde cochilar, e te sentes feliz. (...) Se tu soubesses falar, te perguntaria:/ Diz-me, por que o animal,/ No descanso, na indolência,/ Tem alegria, enquanto eu me enfastio/ Assim que descanso?". Tradução baseada na alemã de Robert Hamerling (*Leopardi's Gedichte*. Hildburghausen, 1866), versão que, como mos-

No entanto, ele se espanta consigo mesmo, por não poder aprender a esquecer e por sempre estar pendurado no passado: por mais distante e rápido que possa correr, com ele corre um grilhão. É um milagre: o instante, deslizando aqui e acolá, um nada antes e um nada depois, retorna como um fantasma e tira a paz de um instante posterior. Continuamente, uma folha se solta do papiro do tempo, cai e flutua – e de repente volteia e pousa no colo do homem. Então diz o homem: "eu me lembro", e inveja o animal, que logo esquece e vê cada instante efetivamente fenecer, afundar na noite e na névoa, extinguindo-se para sempre. O animal vive de forma *aistórica*: pois ele se absorve no presente, como um número, sem restar uma estranha fração;[2] ele não sabe dissimular, nada esconde e aparece em cada momento inteiramente como aquilo que é; ele não sabe ser outra coisa senão sincero. O homem, ao contrário, luta contra a crescente e pesada carga do passado: esta o pressiona ou o enverga, sopesa seu passo como um fardo invisível e obscuro, que ele pode negar como ilusório e que, entre seus semelhantes, negaria com prazer para provocar inveja. Por isso ele se comove ao ver o rebanho pastar ou, de forma mais próxima, vê a cri-

---

trou Otto Friedrich Bollonow, Nietzsche provavelmente conheceu ("Nietzsche und Leopardi". *Zeitschrift für philosophische Forschung*, 26, 1972).

2. Erwin Rohde, ao ler as provas do livro, não gostou dessa expressão, que é, contudo, uma referência a Goethe: "Eram homens sensatos, espirituosos e cheios de vida, que compreendiam muito bem que a soma de nossa existência, dividida pela razão, nunca é exata, restando sempre uma estranha fração" (*Os anos de aprendizado de Wilhelm Meister*, Livro 4. Rio de Janeiro: Ed. 34, 2006, p. 266).

ança, que nada tem a negar do passado, brincando entre a cerca do passado e do futuro em uma cegueira abençoada, como se recordasse de um paraíso perdido. Mas a brincadeira tem de acabar: já cedo, a criança é convocada a sair do esquecimento. Então aprende a entender a palavra "era", aquela senha que, junto com a luta, a dor e o fastio, leva o homem a se lembrar do que, no fundo, é sua existência – um imperfectivo que nunca se perfaz.[3] Quando a morte enfim traz o seu ansiado esquecimento, rouba também o presente e a existência, selando com isso aquele conhecimento de que a existência é apenas um ininterrupto "ter sido", uma coisa que vive de negar-se e consumir-se, de contradizer-se a si mesma.

Se uma felicidade, se a ânsia por uma nova felicidade tiver o sentido de manter o vivente na vida e estimulá-lo a viver, então talvez nenhum filósofo tenha mais razão que o cínico: pois a felicidade do animal, como o cínico perfeito, é a prova viva da veracidade do cinismo. A menor felicidade, quando ininterrupta e faz feliz, é incomparavelmente mais feliz do que a maior felicidade episódica, que, como um capricho, como uma ideia súbita desvairada, surge entre o desprazer, o desejo e a carência. Tanto na maior como na menor felicidade, só uma coisa faz a felicidade ser felicidade: a capacidade de esquecer ou, expresso de forma erudita, a faculdade de sentir aistoricamente durante a felici-

---

3. Em alemão: *ein nie zu vollendendes Imperfectum.* Traduzimos por imperfectivo para explicitar que Nietzsche faz uso aqui de um termo gramatical, referente aos tempos dos verbos que expressam ações passadas inacabadas.

dade. Quem não sabe alojar-se no umbral do instante, esquecendo-se de tudo que passou, quem não é capaz de manter-se em pé, como uma deusa Vitória, sem vertigem ou temor, nunca saberá o que é a felicidade; e ainda pior: nunca fará algo que deixará outro feliz. Pensem num exemplo extremo de um homem que não possuísse a faculdade de esquecer, que fosse condenado a ver um devir em tudo: ele não acredita mais no seu próprio ser, não acredita mais em si, vendo tudo fluir de um ponto móvel a outro e se perdendo nessa correnteza do devir; por fim, como o íntegro discípulo de Heráclito, ele quase sequer ousará apontar o dedo.[4] A toda ação pertence o esquecimento: assim como pertence à vida de todo organismo não somente a luz, mas também a escuridão. Um homem que sentisse tudo unicamente de forma histórica seria parecido com alguém que tivesse abdicado do sono, ou com o animal que devesse viver apenas em repetitiva ruminação. Portanto, é possível viver, e até mesmo viver feliz, quase sem lembranças, como mostra o animal; mas é totalmente impossível viver sem o esquecimento. Ou, para me expressar sobre meu tema de forma mais clara: *existe um grau de insônia, de ruminação, de sentido histórico, que prejudica o vivente e por fim o destrói, seja um homem, um povo ou uma cultura.*

A fim de determinar esse grau e, por meio dele, o limite do que deve ser esquecido, para que o passado não se torne o coveiro do presente, se deveria saber exata-

---

4. O discípulo de Heráclito em questão é Crátilo. (Cf. Livro IV da *Metafísica* de Aristóteles).

mente quão grande é a *força plástica* de um homem, de um povo, de uma cultura, quero dizer, aquela força que cresce a partir de si mesma, de transformar e incorporar o passado e o estranho, de curar feridas, de substituir o que se perdeu e reconstituir a partir de si formas arruinadas. Há homens que possuem tão pouco dessa força que fenecem por uma única experiência, por uma única dor, frequentemente até por uma única leve injustiça, como se sangrassem até a morte por causa de um pequeno arranhão; há, de outro lado, aqueles que pouco se abalam pelos mais violentos e tristes infortúnios da vida, e mesmo pelas próprias ações malévolas, de sorte que no momento, ou logo depois, alcançam uma bonança e uma espécie de consciência tranquila. Quanto mais fortes são as raízes da natureza interior de um homem, mais ela se apropriará do passado e o submeterá; e se se pensasse na natureza mais poderosa e descomunal, então se reconheceria que para ela não haveria limite do sentido histórico que lhe pudesse sobrepujar e prejudicar; todo passado, próprio e alheio, seria recriado a partir de si e introjetado no próprio sangue. Tal criatura sabe esquecer o que ela não subjuga; tudo se esvanece, o horizonte fica completamente fechado, e ela não é capaz de lembrar que existe, além desse horizonte, homens, paixões, doutrinas, finalidades. E isto é uma lei universal: todo vivente só pode tornar-se sadio, forte e fértil no interior de um horizonte; ele é incapaz de trazer um horizonte para si e é muito egoísta, por sua vez, para inserir seu olhar no interior de um horizonte alheio, pois isso o adoece, debilitando-o, levando-o ao declínio. A alegre serenidade, a boa consciência, o ato feliz, a confiança no vindouro, tudo depende – seja para um indivíduo como para um povo – de que haja uma linha que separe o visível e claro do obscuro e sombrio; de que se saiba tanto esquecer direito e no tempo certo, quanto lembrar no tempo certo; de que se perceba, com instinto forte, quando é necessário sentir historicamente ou aistoricamente. Esta consideração convida o leitor à seguinte sentença: *o histórico e o aistórico são igualmente necessários para a saúde de um indivíduo, de um povo e de uma cultura.*

De início, façamos aqui uma observação: o saber e o sentido histórico de um homem podem ser bastante limitados; seu horizonte, estreito como o de um habitante de um vale alpino; ele pode julgar injustamente e cometer o erro de considerar-se o primeiro a ter cada experiência e, apesar de toda injustiça e de todo erro, permanecer com energia e saúde insuperáveis, tirando proveito dessa visão; enquanto ao seu lado alguém mais justo e instruído adoece e sucumbe, porque as linhas de seu horizonte se expandem constante e incessantemente, porque ele não pode livrar-se da rede suave de sua justiça e de sua verdade em direção ao firme querer e desejar. Vimos, ao contrário, o animal que é totalmente aistórico e que habita em um horizonte quase pontual, mas vive em uma certa felicidade, ao menos sem fastio e dissimulação. Teremos de tomar a capacidade de sentir, em um determinado grau, aistoricamente, como o mais importante e originário, na medida em que nisso repousar o fundamento sobre o qual pode crescer algo justo, sadio e excelso, algo realmente humano. O aistórico é como uma atmosfera envolvente em que a vida se reproduz, para de novo desaparecer com o aniquilamento dessa atmosfera. É verdade: somente quando o homem pensa, reflete, compara, discrimina e limita o elemento aistórico é que surge, no meio daquela névoa envolvente, um brilho claro e luminoso; portanto, somente com a força de utilizar o passado para a vida e fazer do ocorrido novamente história, o homem tornou-se homem. Mas um excesso de história paralisa de novo o homem, e sem o manto do aistórico ele nunca teria surgido nem ousado surgir. Onde se encontram ações que os homens foram capazes de realizar sem antes adentrar aquela camada de névoa do aistórico? Ou, deixando de lado as imagens e tomando um exemplo para ilustração: imaginem um homem assaltado e impulsionado por uma forte paixão, seja por uma mulher ou por um grande pensamento; como seu mundo se transforma! Olhando retrospectivamente, ele se sente cego; de sua parte, escuta mal os outros, como se ouvisse um barulho abafado e sem sentido; ele sente como jamais havia sentido, ele sente tudo próximo, colorido, sonoro, luminoso, como se percebesse simultaneamente por todos os sentidos. Todas as estimativas de valor se modificaram e se desvalorizaram; tanta coisa ele não consegue mais estimar, porque ele já mal pode senti-las: ele se pergunta se ele não era estupidificado pelas palavras e pensamentos alheios; ele se admira que sua memória gire sem descanso em um círculo e, contudo, esteja tão fraca e cansada para realizar um salto para fora deste. É a condição mais injusta do mundo: estreita, ingrata com o passado, cega para os perigos, surda para advertências, um pequeno redemoinho vivo em um mar morto de noite e esquecimento: e contudo é essa condição – totalmente aistórica e anti-histórica – o útero não apenas do ato injusto, mas, ao contrário, de todo ato justo; e nenhum artista alcançará sua obra, nenhum general, sua vitória, nenhum povo, sua liberdade, sem antes ter querido e ansiado tal estado aistórico. Assim como todo homem de ação, segundo as palavras de Goethe, é inescrupuloso, ele também é leviano;[5] para realizar algo ele esquece a maioria das coisas, ele é injusto com aquilo que repousa atrás dele e conhece apenas um direito, o direito daquilo que agora deve vir a ser. Assim, todo homem de ação ama seu ato infinitamente mais do que ele mereceria: e os melhores atos ocorrem em tal superabundância de amor, amor que eles, em todo caso, não deveriam merecer, mesmo se seu valor fosse inestimavelmente alto.

Se alguém pudesse estar em condições, em diversos casos, de inalar e respirar essa atmosfera aistórica, na qual todo evento histórico grandioso surge, esse alguém poderia talvez, enquanto um ser que conhece, elevar-se a um ponto de vista *supra-histórico*, tal como o descreveu Niebuhr[6], como resultado possível da consideração

---

5. Nietzsche se refere ao seguinte aforismo de Goethe: "O homem de ação (*Handelnde*) é sempre inescrupuloso; ninguém possui mais consciência que o homem contemplativo (*Betrachtende*)." ("Maximen und Reflexionen". In: *Gesammelte Werke*, Herausgegeben von Erwin Laaths, Bd. 6, p. 281). Düsseldorf: Deutscher Bücherbund, 1952. Não foi possível manter o jogo de palavras entre inescrupuloso (*gewissenlos*) e leviano (*wissenlos*).

6. Barthold G. Niebuhr (1776–1831), historiador prussiano. Até o momento não se identificou a fonte da citação que Nietzsche faz a seguir.

histórica. Diz ele: "Entendida de maneira clara e precisa, a história é útil ao menos para uma coisa – para que se saiba como também os maiores e superiores espíritos da espécie humana não sabem quão fortuitamente eles adquirem a forma pela qual veem e obrigam, à força, que todos vejam; à força, porque a intensidade de sua consciência é excepcionalmente grande. Quem não soube e não percebeu isso com clareza e em diversas circunstâncias se submeterá ao surgimento de um espírito poderoso que imprima a maior paixão a uma forma dada". Tal ponto de vista poderia ser chamado de supra-histórico, porque não se poderia perceber, naquele que o defende, nada que o seduza a continuar vivendo e a participar da história, pois ele reconheceria a condição única de todo evento, aquela cegueira e injustiça na alma de quem age. Ele mesmo evitaria levar a história demasiadamente a sério: ele teria aprendido, em toda experiência, entre gregos ou turcos, seja no século I ou no século XIX, a responder à questão de como e para que se viveu. Quem perguntar a conhecidos se eles desejariam viver novamente os últimos dez ou vinte anos, perceberá facilmente qual deles está cultivado para aquele ponto de vista supra-histórico: todos bem responderão que "Não!", embora esse "Não!" será distintamente justificado. Um talvez porque se consolou: "mas os próximos vinte anos serão melhores"; como aqueles sobre os quais David Hume comentou com ironia:

And from the dregs of life hope to receive,
What the first sprightly running could not give.
E, do que sobrou no copo da vida,
[esperam tomar

Aquilo que o primeiro gole de vigor
[não pôde dar.[7]

Vamos chamá-los de homens históricos; o olhar para o passado empurra-os para o futuro, inflama sua coragem de perseverar ainda mais longamente na vida, acende a esperança de que a justiça ainda advirá, que a felicidade se esconde atrás da montanha que escalarão. Esses homens históricos creem que o sentido da existência sairá à luz paulatinamente no decurso de um *processo*; por isso eles só olham para trás, a fim de entender o presente pela consideração do processo até o momento, e aprendem a desejar ansiosamente o futuro; não sabem como eles, apesar de sua história, pensam e agem aistoricamente, e como sua ocupação com a história não está a serviço do conhecimento puro, mas da vida.

Mas aquela pergunta, cuja primeira resposta ouvimos, pode mais uma vez ser respondida. Mais uma vez com um "Não!", só que com um "Não" distintamente justificado. Com o "Não" do homem supra-histórico, que não vê no processo a salvação; para quem, ao contrário, o mundo está pronto em cada instante singular e nele alcança seu fim. O que dez novos anos poderiam ensinar que dez passados não puderam ensinar!

Se o sentido do seu ensinamento é a felicidade, a resignação, a virtude ou a penitência, é uma coisa so-

---

7. Segundo Walter Kaufmann (*Nietzsche* – Philosopher, psychologist, antichrist. Princeton: Princeton University Press, 1974), citação da peça "Aureng-zebe", de John Dryden, incluída no *Diálogo sobre a religião natural,* de Hume. No original consta "pensam" em vez de "esperam".

bre a qual os homens supra-históricos nunca tiveram de acordo; mas, contrariamente a todas as formas de considerações históricas do passado, eles chegam ao total consenso nesta sentença: o passado e o presente são uma e mesma coisa, ou seja, em toda multiplicidade, são tipicamente iguais e, como uma onipresença de tipos perpétuos, são uma imagem paralisada de valor invariável e de significado eternamente idêntico. Como às centenas de diferentes línguas correspondem as mesmas necessidades típicas dos homens, de tal modo que quem entendesse essas necessidades nada de novo aprenderia de todas essas línguas: assim o homem supra-histórico explica todas as histórias dos povos e dos indivíduos a partir de dentro, adivinhando profeticamente o sentido originário dos diversos hieróglifos e aos poucos, até a exaustão, esquiva-se da correnteza incessante dos símbolos gráficos: pois como poderia ele, na infinita abundância do que acontece, não chegar à saciedade, ao empanzinamento, ou mesmo ao nojo? De modo tal que o mais ousado, por fim, talvez esteja pronto para dizer a seu coração, junto com Giacomo Leopardi:

> Nada que vive
> é digno de tua aflição, e nem um suspiro
> a Terra merece.
> Dor e tédio é nosso ser, e o mundo
> é um lodo – e nada mais.
> Assossega-te.[8]

8. Nietzsche cita um trecho do poema "A se stesso" (Para si mesmo), de Leopardi.

Mas deixemos para os homens supra-históricos seu nojo e sua sabedoria. Queremos hoje, ao contrário, tonarmo-nos alegres de coração por nossa ignorância e, como homens de ação e progressistas, como veneradores do processo, ganhar nosso dia. Nossa estima do histórico pode ser apenas um preconceito ocidental; imersos nesse preconceito, pelo menos progredimos e não nos imobilizamos! Aprendendo melhor a praticar a história em proveito da *vida*! Então concedamos aos homens supra-históricos que possuam mais sabedoria que nós; podemos estar certos de que possuímos mais vida do que eles: em todo caso, nossa ignorância terá mais futuro que sua sabedoria. E para não restar dúvida a respeito do sentido dessa oposição entre vida e sabedoria, apresentarei algumas teses com o auxílio de um procedimento preservado desde a Antiguidade.

Um fenômeno histórico, conhecido de forma pura e completa, e diluído em um fenômeno de conhecimento, é para aquele que conhece algo morto: pois reconheceu nele a insânia, a injustiça, a paixão cega e em geral todo o horizonte obscuro e mundano daquele fenômeno e, ao mesmo tempo, reconheceu sua força histórica. Essa força tornou-se impotente para o homem que conhece, mas talvez não para o que vive.

A história, pensada como ciência pura e soberana, seria para a humanidade uma espécie de balanço contábil da vida. A cultura histórica é, ao contrário, apenas em consequência de uma nova e poderosa corrente vital, de uma cultura em transformação, por exemplo, algo salutar e alvissareiro, portanto apenas quando dominada e conduzida por uma força superior, e não quando domina e conduz.

A história, na medida em que está a serviço da vida, está a serviço de uma força aistórica e por isso, por essa submissão, nunca pode nem deve se tornar uma ciência pura, como a matemática. Contudo, a questão de que até que grau a vida precisa da história é uma das maiores questões e preocupações no que diz respeito à saúde de um homem, de um povo, de uma cultura. Pois o excesso de história destrói e degenera a vida, degenerando, por fim, a própria história.

2

Que a vida precisa do serviço da história é algo que deve ser entendido com tanta clareza quanto esta sentença, que posteriormente deverá ser provada: que o excesso de história prejudica o vivente. Em três aspectos a história pertence ao vivente: ela lhe pertence enquanto indivíduo atuante e determinado, enquanto conservador e reverente, e enquanto sofredor e carente de libertação. A essa tríade de relações corresponde uma tríade de espécies de história: na medida em que ela permite diferenciar uma espécie de história *monumental*, uma *antiquária* e uma *crítica*.

A história pertence sobretudo ao homem de ação e forte, que luta uma grande luta, que precisa de modelos, mestres, consoladores, não logrando encontrá-los entre seus contemporâneos e no presente. Assim era com Schiller: pois nossa época é tão ruim, disse Goethe, que o poeta não encontra, entre os homens a sua volta, nenhuma natureza aproveitável[1]. Políbio, por exemplo, tendo em vista o homem de ação, chama a história política de justa preparação para o governo de um Estado e mestra suprema, por meio da qual a lembrança dos infortúnios alheios nos orienta a suportar altivamente os

---

1. Cf. Goethe. *Conversações com Eckermann*. Entrada datada de 21/07/1827.

revezes da sorte. Quem aprendeu a reconhecer aqui o sentido da história deve irritar-se por ver viajantes curiosos ou micrólogos detalhistas galgando as pirâmides do passado; lá, onde ele encontra estímulo para imitar e melhorar, não deseja encontrar o ocioso, ávido por diversão e sensação, que age como se vagasse, dentro de uma galeria, entre conhecidos tesouros da pintura. O homem de ação, em meio a ociosos fracos e desesperançados, em meio a contemporâneos aparentemente ativos, quando na verdade são apenas ansiosos e inquietos, não sente náusea nem esmorece, olha para trás de si e só interrompe o passo em direção a seu objetivo para respirar. Seu objetivo, contudo, é uma felicidade qualquer, talvez não a sua própria, com mais frequência a de um povo ou a do conjunto da humanidade; ele foge da resignação e utiliza a história como remédio contra a resignação. Na maioria das vezes, não espera vantagem alguma; quando muito, espera a fama, isto é, aspira a um posto de honra no templo da história, onde mais uma vez ele poderá ser, para os tardios, mestre, consolador e voz da advertência. Pois seu mandamento é: o que foi capaz de expandir e tornar mais belo o conceito "homem" deve estar presente pela eternidade, para eternamente realizar esse feito. O pensamento fundamental da crença na humanidade expresso pela exigência de uma história *monumental* é o de que os grandes momentos na luta dos indivíduos formam uma corrente que os une, no decorrer dos séculos, na cordilheira da humanidade; que, para mim, o mais elevado de cada momento há muito ocorrido ainda é vivo, claro e grandioso. Mas é justamente essa exigência de que o grandioso seja eterno que deflagra a luta mais terrível. Pois todo o resto que ainda vive grita "Não". O monumental não deve surgir – esse é o lema contrário. A rotina embrutecida, o que há de menor e mais baixo, ocupando todos os cantos do mundo, enfumaçando, como um ar pesado, tudo o que é grande, lança-se, impedindo, ludibriando, sufocando, asfixiando o caminho que o grandioso deve percorrer em direção à imortalidade. Mas esse caminho passa pelo cérebro humano! Através do cérebro dos animais mais aflitos e menos longevos, que revelam sempre as mesmas necessidades e, com esforço, evitam perecer durante um curto espaço de tempo. Pois eles querem, antes de tudo, apenas uma coisa: viver a qualquer preço. Quem poderia supor neles aquela pesada tocha olímpica da história monumental, por meio da qual tudo o que é grandioso continua a viver! E contudo há sempre aqueles poucos que acordam para o que foi grandioso no passado e, fortalecidos por sua contemplação, sentem-se tão bem-aventurados, como se a vida humana fosse uma coisa magnífica, e como se o mais belo fruto dessa planta amarga fosse saber que antes alguém já se tornou, no decorrer desta existência, orgulhoso e forte; um outro, melancólico, um terceiro, compassivo e solícito – mas todos deixando um ensinamento: que vive de forma mais bela quem não se preocupa com a existência. Se o homem comum toma esse período de tempo de forma seriamente triste e cobiçosa, aqueles saberiam oferecer-lhe, em seu caminho para a imortalidade e para a história monumental, uma gargalhada olímpica ou ao menos um escárnio sublime; com frequência, descem com ironia para sua sepultura

– pois o que havia neles a sepultar! Apenas aquilo que a história monumental tinha pulverizado como fraqueza, despojo, vaidade, bestialidade é agora lançado ao esquecimento, depois de lhe ter dispensado seu desprezo. Mas algo viverá, um monograma de sua essência mais íntima, uma obra, um ato, uma rara iluminação, uma criação: viverá porque nenhuma posteridade pode renunciá-lo. Nessa forma transfigurada, contudo, a fama é ainda algo mais que a degustação de nosso amor-próprio, como Schopenhauer a chamou;[2] ela é a crença na correlação e continuidade do grandioso de todas as épocas, é um protesto contra a mudança de gerações e do passado.

Em que a consideração monumental do passado é útil ao homem atual, quando lida com o clássico e o raro de épocas anteriores? Ele conclui que, em todo caso, o grandioso que um dia existiu foi *possível* uma vez e por isso será possível novamente; ele toma com mais coragem o seu rumo, pois agora uma dúvida que o assaltava nas horas mais difíceis é vencida: se ele talvez não quisesse o impossível. Supondo-se que alguém acredite que a tarefa de exterminar a espécie de cultura que agora se tornou moda na Alemanha cabe a não mais que uma centena de homens produtivos, ativos e cultivados em um novo espírito; isso lhe fortaleceria a percepção de que a cultura da Renascença apoiava-se nos ombros de um bando de centenas de tais homens.

---

2. Cf. o capítulo "Von Dem, was Einer vorstellt" (Sobre aquilo que alguém representa), de "Aphorismen zur Lebensweisheit" (Aforismos de sabedoria de vida). In: *Parerga e Paralipomena*. Zurique: Haffmans Verlag, 1999.

E contudo – para aprender com o mesmo exemplo algo novo – quão fluida e pendente, quão imprecisa seria essa comparação! Quanta diferença se teve de omitir para que ela tivesse aquele efeito vigoroso, quão violentamente se teve de comprimir a individualidade do passado em uma forma universal e aparar arestas em proveito da conformidade! No fundo, aquilo que uma vez foi possível só poderia ocorrer uma segunda vez se os pitagóricos estivessem certos em acreditar que, dada uma constelação idêntica de corpos celestes, as mesmas coisas deveriam repetir-se também na Terra, nos mínimos detalhes, de tal modo que, sempre que as estrelas estiverem numa certa posição em relação às outras, um estoico e um epicurista se aliarão e assassinarão César[3] e, num outro arranjo, Colombo novamente descobrirá a América. Apenas quando a Terra começasse novamente sua peça teatral depois do quinto ato, quando se estabelecesse que em determinados intervalos de tempo se repetiriam o mesmo encadeamento de motivos, o mesmo *deus ex machina*, a mesma catástrofe, os poderosos poderiam desejar a história monumental revestida da *veracidade* de um ícone, ou seja, desejar todo fato em sua exata peculiaridade e singularidade: provavelmente isso não acontecerá até que os astrônomos voltem a ser astrólogos. Até lá, a história monumental poderá não precisar daquela veracidade toda: ela sempre aproximará, universalizará e, enfim, igualará o desigual, sempre enfraquecerá a diversidade dos motivos e oca-

3. Referência à conspiração entre Caio Cássio e Marco Bruto para assassinar César.

siões, a fim de tomar, de forma monumental, o *effectus* às custas das *causae*, isto é, como algo exemplar e digno de imitação: por não se importar com as causas, ela poderia chamar-se, com um pouco de exagero, de um conjunto de "efeitos em si", como eventos que provocarão efeitos em todas as épocas. O que será festejado em uma festa popular, um dia santo ou um desfile militar, será propriamente esse "efeito em si": é ele que não deixa os ambiciosos dormirem, é ele que repousa, como um amuleto, no coração dos empreendedores, e não a verdadeira conexão histórica entre causa e efeito, que, inteiramente conhecida, só provaria que nada de idêntico poderia surgir no lance de dados do futuro e do acaso.

Quando a alma da historiografia repousa no grande *estímulo* que um indivíduo poderoso dela extrai, quando ela tem de descrever o passado como algo digno de imitação, imitável e possível por uma segunda vez, ela arrisca-se, em todo caso, a contrabandear algo, a edulcorar o passado, aproximando-se assim da livre poetização; aliás, há épocas em não se consegue distinguir o passado monumental da ficção mítica: porque os mesmíssimos estímulos podem ser extraídos de um mundo ou de outro. Portanto, se a consideração monumental do passado *reina* sobre as outras espécies de consideração, quero dizer, sobre a antiquária e a crítica, então o próprio passado sofre *prejuízo*: grandes partes são totalmente esquecidas, desprezadas, e escorrem como uma enchente terrível e interminável, da qual emergem, como ilhas, apenas alguns fatos embelezados: para algumas pessoas de boa visão, salta aos olhos algo de antinatural e sobrenatural, como a coxa dourada com que os discípulos de Pitágoras diziam reconhecer seu mestre.[4] A história monumental ilude por meio de analogias: com semelhanças sedutoras, ela estimula os corajosos à temeridade, os entusiastas ao fanatismo; e se pensarmos essa história nas mãos e mentes de egoístas talentosos e facínoras delirantes, impérios serão destruídos, príncipes serão assassinados, guerras e revoluções serão fomentadas e aumentará novamente o número de "efeitos em si", ou seja, dos efeitos sem causa suficiente. Isso para lembrar o estrago que a história monumental pode provocar nas mãos de homens poderosos e ativos, sejam eles bons ou maus. O que pode causar quando dominada e utilizada pelos impotentes e inativos!

Tomemos o exemplo mais simples e frequente. Pensemos nas naturezas mais inartísticas e debilmente artísticas armadas e valorizadas pela história da arte monumental: contra quem elas dirigirão suas armas? Contra seus inimigos contumazes, os grandes espíritos artísticos; portanto, contra os únicos que tornam tal história veraz, isto é, capaz de ensinar a viver e transformar em prática o que foi aprendido. O caminho destes é obstruído, o ar escurece, quando aqueles dançam, com idolatria e zelo, em torno de um monumento, entendido pela metade, de um passado grandioso qualquer, como se quisessem dizer: "Vejam, isto é a arte verdadeira e real: não nos importam os que se transformam e os que têm querer!" Aparentemente, essa turba dan-

4. Anedota presente no livro VIII de *Vida e opiniões dos mais eminentes filósofos*, de Diógenes Laércio.

çante tem até o privilégio do "bom gosto": pois aquele que cria esteve sempre em desvantagem diante daquele que só observa e não executa com as próprias mãos, assim como, em todas as épocas, os políticos de botequim foram mais prudentes, corretos e reflexivos do que o estadista que governa. Mas se se transpuser ao âmbito da arte o costume do plebiscito e da maioria numérica e o artista precisar deles para sua defesa, diante do tribunal dos homens inativos, pode-se assegurar de antemão que ele será condenado: não apesar de, mas justamente *porque* seus juízes proclamaram festivamente o cânone da arte monumental, isto é, a mencionada declaração de que a arte de todos os tempos "provocou efeitos": enquanto para eles isso não ocorre com toda arte não monumental, pois, para eles, à arte contemporânea falta, em primeiro lugar, a necessidade, em segundo, o anseio, em terceiro, aquela autoridade da história. Ao contrário, seu instinto lhes revela que a arte poderia ser assassinada pela própria arte: o monumental não deve surgir, e para isso se utilizam justamente da autoridade que o monumental extrai do passado. Assim eles são os especialistas em arte, porque em geral eles gostariam de deixar de lado a arte; eles agem como médicos, quando no fundo pretendem envenenar, cultivando sua língua e seu paladar para atribuir a essa deseducação a recusa de pratos artísticos nutritivos. Porque eles não querem que o grandioso surja, seu remédio é dizer: "veja, o grandioso já está aí!" Na verdade, esse grandioso que já está aí lhes importa tão pouco quanto o que surge: disso sua vida dá testemunho. A história monumental é a máscara pela qual dão vazão a seu ódio dirigido contra os homens grandes e poderosos de sua época, através de seu maravilhamento exagerado diante dos homens grandes e poderosos de épocas passadas; dissimuladamente, eles transformam em seu contrário o autêntico sentido daquela espécie de consideração histórica. Se eles sabem ou não com clareza o que fazem, o fato é que eles agem assim, como se sua divisa fosse: deixemos que os mortos enterrem os vivos.

Cada uma das três espécies de história existentes tem seu lugar em um determinado solo e sob um determinado clima: em outros casos alastram-se como ervas daninhas. Se um homem quiser criar algo grandioso, e precisar do passado, então se apoderará do passado por meio da história monumental; aquele que, ao contrário, quiser preservar o costume e a reverência pelo que é antigo, cultivará o passado como historiador antiquário; e apenas aquele em quem a carência do presente aperta o peito, querendo livrar-se a qualquer preço do seu fardo, tem necessidade da história crítica, isto é, da história que julga e condena. A transposição descuidada de vegetais produz danos: o crítico sem necessidade, o antiquário sem piedade, o conhecedor do grandioso sem a capacidade do grandioso são tais plantas degeneradas, que se alastram como ervas daninhas quando afastadas de seus solos naturais.

3

Em segundo lugar, a história também pertence ao conservador e reverente que, com fidelidade e amor, olha para trás, de onde veio e de onde veio a ser; ele traz igualmente, por meio dessa piedade, a gratidão por sua existência. Cuidando com zelo do que é antigo e permanente, quer preservar as condições sob as quais surgiu e outros deverão surgir depois dele – e assim ele serve à vida. Em tal espírito, a posse dos utensílios ancestrais[1] modifica suas ideias: ele passa a ser por eles possuído. O que é pequeno, estreito, podre e envelhecido adquire honra pelo fato de que a alma conservadora e reverente do homem antiquário se transmigra para essas coisas e constrói para si um ninho oculto. A história de sua cidade se torna a sua própria história; ele entende a muralha, o pórtico fortificado, os éditos municipais e festas populares como seu diário, reencontrando nisso tudo sua força, seu denodo, seu prazer, seu julgamento, sua loucura e sua travessura. Aqui se viveu, ele diz a si mesmo, pois aqui se vive, aqui se viverá, já que somos resistentes e não desmoronamos durante a noite. Então ele vê esse "nós" através de vidas singulares pretéritas e maravilhosas e se sente como o espí-

1. Referência ao *Fausto*, de Goethe, I, linha 408.

rito do lar, da espécie, da cidade. Nisso ele saúda, através de séculos obscuros e confusos, a alma de seu povo como a sua própria alma; um sentimento transpassa e daí surge uma nostalgia, um farejar de rastros apagados, uma leitura correta de um passado rasurado, um entendimento ágil do palimpsesto, até mesmo do *polipsesto*[2] – estes são seus talentos e virtudes. Com eles, Goethe quedou-se diante do monumento de Erwin von Steinbach[3]; na tempestade de seu sentimento rasgou o véu nebuloso que a história estendeu entre eles: ele viu, pela primeira vez, a obra alemã "realizar-se, provinda da forte e rouca alma alemã". Tal sentido e ímpeto conduziram os italianos da Renascença e refizeram despertar, em sua densidade, o gênio italiano antigo, "o eco maravilhoso da lira arcaica", como disse Burckhardt.[4] Mas aquele sentido reverente, histórico-antiquário, tem seu maior valor onde ele estende um simples e pungente sentimento de prazer e satisfação sobre aquelas condições modestas, rudes, até mesmo miseráveis em que um homem ou um povo vive; como, por exemplo, Niebuhr assumiu, com uma credulidade ingênua e honesta: no pântano e na charneca, entre camponeses livres, que possuem uma história, basta viver; não se sente falta de

---

2. Neologismo de Nietzsche, em analogia a "palimpsesto". Depreende-se que o sentido seja o de um pergaminho cujo manuscrito foi apagado e reutilizado muitas vezes.

3. Arquiteto alemão que construiu a catedral de Estrasburgo. Na passagem seguinte, Nietzsche faz alusão ao ensaio de "Von deutscher Baukunst" (Sobre a arquitetura alemã), de Goethe.

4. Citação extraída de *Die Kultur der Renaissence in Italien* (*A cultura do Renascimento na Itália*).

arte alguma. Como poderia a história melhor servir à vida do que ligando gerações e populações menos favorecidas a sua pátria e a costumes pátrios, tornando-as nacionalistas e impedindo-as de correr atrás do que há de melhor no estrangeiro, para conquistá-lo em disputas? Do mesmo modo, parece ser teimosia e desatino fixar o indivíduo nessa comunidade e localidade, nesses hábitos extenuantes, nesse cume árido – mas esse desatino é o que há de mais salutar e exigente para a comunidade; como bem sabe aquele que conheceu claramente os efeitos terríveis do prazer aventureiro de emigrar de uma população inteira ou o estado de um povo que viu de perto a perda da confiança em sua época precedente, sacrificando-a em nome de uma busca e escolha cosmopolitas e incessantes pelo novo. A sensação contrária, o bem-estar da árvore com suas raízes, uma alegria não de todo arbitrária e fortuita em saber que vicejou, como legado, flores e frutos de um passado que absolve ou mesmo justifica a sua existência – isto é o que se designa preferencialmente como o autêntico sentido histórico.

Essa não é certamente a condição em que o homem, na maioria das vezes, seria capaz de dissolver o passado em um conhecimento puro; assim, percebemos aqui também o que havíamos percebido na história monumental, que o próprio passado sofre na medida em que a história serve à vida e é dominada por um impulso vital. Falando com alguma liberdade poética, a árvore mais sente suas raízes do que as vê: mas esse sentimento mede sua grandeza pelo tamanho e força de seus ramos visíveis. Pudesse a árvore nisso equivocar-se: como estaria ela equivocada sobre toda a floresta em volta! Sobre aquilo que ela só sabe e sente na medida em que a impede ou a fomenta – mas nada além disso. O sentido antiquário de um homem, de uma comunidade, de todo um povo possui sempre um campo de visão extremamente estreito; ele não percebe a maioria das coisas e, do pouco que vê, vê de forma muito próxima e isolada; não é capaz de medir, e por isso toma tudo como igualmente importante e todo indivíduo como demasiado importante. Não existem, então, para as coisas do passado, diferenças de valor e proporções que de fato fizessem justiça às coisas em relação entre si; ao contrário, há apenas medidas e proporções das coisas para o indivíduo ou povo que olha retrospectivamente de maneira antiquária.

Aqui, um perigo está sempre próximo: de, ao fim, tomar-se tudo o que for antigo e pretérito, tudo que se encontra em seu campo de visão, como igualmente digno de honra; enquanto o que é novo e em transformação, o que não se dirige ao antigo com veneração, é recusado e hostilizado. Assim os gregos toleravam o estilo hierático de suas artes plásticas, em contraposição a estilos livres e grandiosos; depois, não só toleravam os narizes empinados e os risos mordazes, mas neles encontravam um gosto refinado. Quando o sentido de um povo se enrijece, quando a história serve assim a uma vida passada, de tal forma que sepulta a continuação da vida e justamente a vida superior, quando o sentido histórico não mais conserva, mas mumifica: desse modo a árvore morre de uma forma antinatural, de cima para baixo, gradualmente – e, por fim, a própria raiz fenece. A história antiquária degenera no mesmo instante em que o frescor da vida atual não mais anima e entusiasma. Agora, a piedade se resseca, o hábito erudito permanece sem ela e se volta, de forma egoísta e vaidosa, para seu próprio âmago. Então, assiste-se ao espetáculo repugnante de uma mania cega de colecionar, de uma acumulação incessante de tudo o que já existiu. O homem se envolve em um odor cadavérico; ele logra encontrar um lugar mais significativo, uma necessidade mais nobre, através do modo antiquário da curiosidade insaciável, da reta ânsia de tudo o que é antigo; frequentemente se afunda tanto que, por fim, se satisfaz com qualquer bocado e devora com prazer a poeira das quinquilharias.

Mas mesmo quando não ocorre essa degeneração, quando a história antiquária não perde o único fundamento sobre o qual a redenção da vida pode enraizar-se, sempre resta o perigo nada irrisório de que ela se torne demasiado poderosa e suplante as outras espécies de consideração do passado. Ela só sabe *preservar* a vida, mas não produzi-la; por não possuir nenhum instinto divinatório para o devir – como possui, por exemplo, a história monumental –, ela sempre o subestima. Assim, ela impede aquela decisão forte pelo novo, assim ela lamenta o homem de ação, que, como aquele que age, sempre deve e terá de ferir qualquer piedade. O fato de que algo se tornou antigo traz agora à luz a exigência de que deva ser imortal; pois se alguém calcular tudo o que essa antiguidade experimentou no decorrer de sua existência – um antigo costume paterno, uma crença religiosa, um privilégio político herdado –, aquele montante de piedade e reverência por parte do indivíduo e das gerações, parecerá algo arrogante e inescrupuloso substituir tal antiguidade por uma nova criação e contrapor algo transformador e atual ao acúmulo numérico de piedade e reverência.

Com isso fica claro como o homem, com frequência, tem necessidade de considerar o passado, além de uma forma monumental e antiquária, de uma *terceira* forma, a *crítica*, e mais uma vez a serviço da vida. De tempos em tempos, ele deve utilizar a força de destruir e dissolver um evento passado para que possa viver: ele alcança isso levando esse passado ao tribunal, interrogando-o minuciosamente e, enfim, condenando-o; mas todo passado merece ser condenado – pois assim são as coisas humanas: sempre nelas existiriam a violência e a fraqueza humanas. Não é a justiça que se senta aqui no tribunal; muito menos é a clemência que anuncia o julgamento: mas somente a própria vida, aquele poder obscuro, impulsionador, insaciável, que deseja a si mesmo. Seu veredito é sempre inclemente, sempre injusto, pois ele nunca jorra da pura fonte do conhecimento; mas, em todo caso, o veredito sempre falha, mesmo se enunciado pela justiça. "Pois tudo o que surge *merece* extinguir-se. Melhor seria que não surgisse". Há bem mais força de vida e esquecimento quando viver e ser injusto são uma única coisa. Lutero pensou, certa feita, que o mundo só surgiu graças a um esquecimento de Deus, isto é, se Deus tivesse pensado nos "armamentos pesados", não teria criado o mundo.[5] Mas a mesma vida que precisa do esquecimento precisa, de vez em quando, da des-

---

5. Segundo o tradutor francês, Nietzsche faria referência aqui à seguinte passagem dos discursos (*Tischreden*) de Lutero: "Se Adão

truição desse esquecimento; então deve tornar-se claro como, por exemplo, é injusta a existência de um privilégio, de uma casta, de uma dinastia quaisquer e como essas coisas deveriam perecer. Então, seu passado passa a ser considerado criticamente, suas raízes são golpeadas com um facão, a piedade é cruelmente pisoteada. É sempre um processo perigoso, isto é, perigoso para a própria vida: e homens ou épocas que servem à vida dessa forma são sempre épocas e homens perigosos. Pois lá onde somos resultado de gerações anteriores, somos também resultado de seus desvios, paixões, erros e até mesmo crimes; não é possível se livrar dessa cadeia. Se condenarmos aqueles desvios e nos tomarmos como libertos deles, isso não elimina o fato de que deles descendemos. No melhor caso, reduzimos isso a uma disputa entre a natureza herdada e atávica e nosso conhecimento, ou bem a uma luta de um novo e duro disciplinamento contra um antigo, impregnado e inato; plantamos um novo hábito, um novo instinto, uma segunda natureza que apodrece a primeira. É uma tentativa, igualmente, de se fornecer um passado *a posteriori*, do qual se gostaria de descender, em contradição com aquilo do que se descende – sempre uma tentativa perigosa, porque é muito difícil encontrar um limite para a negação do passado e porque as segundas naturezas são, na maioria das vezes, mais fracas que as primeiras. Muito frequentemente se permanece em um conhecimento do bem sem realizá-lo, porque se pode conhecer

---

pudesse ter visto os artefatos fabricados por seus filhos, ele teria morrido de desgosto".

o que há de melhor sem poder realizá-lo. Mas vez por outra se alcança a vitória, e também há, para os lutadores que servem à vida por meio da história crítica, um consolo suspeito: saber que aquela primeira natureza já foi uma vez uma segunda natureza e que aquela segunda natureza vitoriosa se tornará uma primeira.

4

Esses são os serviços que a história pode prestar à vida; todo homem e todo povo precisam, segundo seus objetivos, forças e necessidades, de um certo conhecimento do passado, às vezes monumental, às vezes antiquário, às vezes crítico. Mas não como um bando de pensadores puros que só observam a vida, não como indivíduos ávidos de conhecimento, que só se satisfazem com o saber que tem como objetivo o aumento do conhecimento, e sim com fins vitais, e portanto sob o domínio e a condução desses fins. Que essa seja a relação natural de uma época, de uma cultura, de um povo com a história – provocada pela fome, regulada pelo grau de necessidade, limitada pela força plástica interior –, que o conhecimento de todos os tempos seja desejável apenas a serviço do futuro e do presente, não para o enfraquecimento do presente, não para a extirpação de um futuro revigorante: tudo isso é simples como a verdade é simples, e convence de imediato aquele que não se deixa levar pela prova histórica.

Lancemos agora um rápido olhar para a nossa época! Nós nos apavoramos, fugimos: para onde foi toda clareza, naturalidade e pureza na relação entre vida e história? Como esse problema, diante de nossos olhos, nos parece confuso, exagerado e inquietante!

A culpa é nossa, que observamos? Ou a constelação constituída de vida e história realmente mudou quando um astro rival se colocou entre elas? Outros podem sugerir que enxergamos errado: queremos dizer o que pensamos ter visto. Foi contudo tal astro ali presente, resplandecente e magnífico, que realmente modificou a constelação – *através da ciência, através da exigência de que a história devesse ser científica.* Agora a vida não mais impera sozinha e conduz o conhecimento sobre o passado: em contrapartida, todas as barreiras são eliminadas e tudo o que já existiu desmorona sobre os homens. Quanto mais houver um devir retroativo, tanto mais todas as perspectivas são empurradas para o infinito. Nenhuma geração assistiu a esse espetáculo de forma tão explícita como a ciência do devir universal, a história, hoje o apresenta; certamente ela o apresenta com a perigosa temeridade de seu lema: *Fiat veritas pereat vita.*[1]

Imaginemos agora o processo mental presente na alma do homem moderno. O saber histórico flui, continuamente e em diversas direções, de fontes inesgotáveis, o estranho e disparatado o pressiona, a memória abre todas suas portas, entretanto ainda não o suficiente; a natureza se esforça ao máximo em receber esses hóspedes estranhos, em organizá-los e venerá-los; estes, contudo, estão em luta uns com outros, parecendo ser necessário constrangê-los e coagi-los para que eles não pereçam nessa luta. A habituação a essa moradia desorganizada, tempestuosa e beligerante torna-se paula-

1. Que a verdade se realize e que o mundo pereça.

tinamente uma segunda natureza, estando igualmente fora de questão se essa segunda natureza é muito mais fraca, muito mais inquieta e completamente mais doentia do que a primeira. Enfim, o homem moderno carrega consigo uma quantidade descomunal de indigestas pedras de conhecimento, que então, em certo momento e em sua ordem, estrepitam na barriga, como no conto de fadas.[2] Esse estrépito revela a caraterística mais própria desse homem moderno, que os povos antigos não conheciam: a estranha contradição de um interior que não corresponde a um exterior e um exterior que não corresponde a um interior. O saber que se empanturra, sem fome e mesmo sem necessidade, não mais produz um motivo que transfigura e se dirige para o exterior, e permanece oculto em um certo mundo interior caótico, que aquele homem moderno, com raro orgulho, denomina como sua mais própria "interioridade". Bem que se diz que ele teria um conteúdo, faltando-lhe apenas a forma; mas em todo vivente isso é uma contradição totalmente imprópria. Por isso nossa cultura moderna não é algo vivo, ela não pode ser compreendida sem aquela contradição, isto é: ela não é uma verdadeira cultura, mas uma espécie de saber em torno da cultura; ela permanece sendo uma ideia de cultura, um sentimento de cultura que não resulta em uma definição cultural. Ao contrário, o motivo real, que se apresenta em ato, com frequência não significa muito mais que uma convenção indiferente, uma imitação lamuriosa ou

2. Referência ao conto "O lobo e os sete cabritinhos", dos Irmãos Grimm.

mesmo uma tosca caricatura. No interior está a sensação daquela cobra que engoliu um coelho inteiro e então descansa tranquilamente ao sol e evita qualquer movimento que não seja necessário. O processo interior é agora a própria coisa, isto é, a autêntica "cultura". Todos os que cruzam com tal cultura desejam que ela não morra de indigestão. Imagine, por exemplo, um grego que cruzasse com tal cultura; ele perceberia que, para os homens modernos, "ser culto" e "ser culto em assuntos históricos" parecem tão vinculados que é como se fossem uma coisa, cuja diferença só residiria no número de palavras. Se ele expressasse sua sentença: alguém pode ser bastante culto e totalmente inculto em assuntos históricos, todos acreditariam não tê-lo ouvido direito e balançariam a cabeça em sinal de desaprovação. Aquele pequenino povo já mencionado, não tão distante de nós, quero dizer, os gregos, tinham preservado com zelo, no período de sua maior força, um sentido aistórico; se um homem contemporâneo retornasse por mágica àquele mundo, ele provavelmente acharia os gregos bastante "incultos"; isso certamente revelaria, para o escárnio público, o segredo da cultura moderna, tão penosamente dissimulado; pois nós, modernos, nada somos; somente quando nos preenchemos e nos abarrotamos de épocas, costumes, artes, filosofias, religiões e conhecimentos de outrem é que nos tornamos algo digno de atenção, isto é, enciclopédias ambulantes, como poderia nos chamar um heleno maldoso. Mas todo o valor das enciclopédias reside apenas naquilo que nela consta, no conteúdo, não naquilo que é capa e invólucro; e assim é toda a cultura moderna, interior; por fora, o encadernador imprimiu algo como: *Manual de cultura interior para bárbaros da exterioridade.* Aliás, essa contradição entre interior e exterior torna o exterior mais bárbaro do que ele devia ser, quando um povo rude cresce a partir de suas necessidades grosseiras apenas. Pois que artifício resta à natureza para coagir o que se expande além da medida? Apenas o artifício de aceitá-lo o mais facilmente possível, a fim de logo eliminá-lo e afastá-lo. Daí surge o hábito de não mais levar a sério as coisas reais, daí surge a "personalidade fraca", a qual a realidade, o existente, pouco impressiona; ela se torna mais negligente e comodista com a exterioridade, aumentando o abismo entre conteúdo e forma até a insensibilidade para a barbárie; a memória é ininterruptamente estimulada, novas coisas dignas de conhecer borbotoam e podem ser colocadas, com apuro, nas caixas da memória. A cultura de um povo, como o oposto dessa barbárie, foi uma vez designada – com algum direito, como penso – como unidade do estilo artístico em todas as expressões vitais de um povo;[3] essa designação não deve ser mal-entendida como se se tratasse de uma oposição entre barbárie e *belo* estilo; o povo a que se prescreve uma cultura deve ser, em toda efetividade, apenas uma unidade viva e não se dividir penosamente em interior e exterior, entre conteúdo e forma. Quem quer incentivar e fomentar a cultura de um povo incentiva e fomenta essa unidade superior e contribui com o aniquilamento da aculturação moderna em favor de uma cultura verdadeira; ele

3. Nietzsche refere-se aqui a sua formulação de cultura presente na primeira extemporânea, *David Strauss, o devoto e o escritor.*

ousa refletir sobre como a saúde de um povo, prejudicada pela história, pode ser recuperada, como ele pode reencontrar seus instintos e, com eles, sua honra.

Quero falar, justamente agora, sobre nós, alemães da atualidade, que sofremos mais que qualquer outro povo daquela fraqueza de personalidade e da contradição entre conteúdo e forma. Para nós, alemães, a forma é comumente uma convenção, uma vestimenta e um disfarce, sendo, por isso, se não odiada, em todo caso não amada; mais precisamente, se poderia dizer que há um medo extraordinário da palavra convenção e ainda mais da própria coisa convenção. Nesse medo o alemão abandonou a escola francesa: pois ele queria tornar-se natural e, desse modo, alemão. Contudo, ele parece ter errado nas contas nesse "desse modo": desviado da escola da convenção, ele se deixou levar como e para onde ele bem entendeu, e imitou, no fundo, de modo inseguro e arbitrário, meio avoado, aquilo que outrora imitava detalhadamente e frequentemente com sucesso. Assim se vive hoje, em comparação a épocas anteriores, preguiçosamente, em uma convenção francesa incorreta: como mostra todo nosso modo de andar, de nos portar, de conversar, de vestir-se e de morar. Na medida em que se acredita em um retorno ao natural, são opções apenas o se deixar ir, o conforto e a medida mínima de superação de si. Ao caminhar por uma cidade alemã – toda convenção, comparada às características nacionais de cidades estrangeiras, se mostra em negativo: tudo é desbotado, desgastado, mal copiado, todos anseiam por suas coisas preferidas, que não são vigorosas, criativas; ao contrário, seguem as regras que prescrevem a afobação geral e assim a mania de conforto. Uma roupa cuja invenção não é nenhum quebra-cabeça, cujo projeto não leva tempo, ou seja, uma imitação emprestada do exterior, da forma menos onerosa possível, é para os alemães uma contribuição ao traje típico alemão. O sentido da forma foi, ironicamente, recusado – pois sem dúvida se tem *o sentido do conteúdo*: o alemão é, no fim das contas, o célebre povo da interioridade.

Mas há também um célebre perigo nessa interioridade: o próprio conteúdo, que se considera não poder ser visto de fora, pode, eventualmente, dissipar-se; de fora, ele não seria percebido, nem em sua dissipação nem em sua presença prévia. Mas se ao menos pensarmos no povo alemão o mais afastado possível desse perigo: o estrangeiro está certo em nos objetar que nosso interior é muito fraco e desordenado para agir exteriormente e se dar forma. Nisso o alemão pode mostrar-se, em graus excepcionais, solícito, sério, forte, introspectivo, bom e talvez até mais rico interiormente que outros povos: mas no todo permanece fraco, pois todos os belos fios não são atados em nós fortes: de tal modo que o ato visível não é o ato em totalidade e a revelação para si desse interior, mas sim uma tentativa fraca e tosca de querer que qualquer fio que apareça valha como totalidade. Por isso os alemães não podem ser julgados a partir de uma ação e, como indivíduo, pode permanecer oculto após esse ato. Como se sabe, deve-se medir o alemão segundo seus pensamentos e sentimentos, os quais ele expressa em seus livros. Quando esses livros não despertam nada de novo senão a dúvida se a célebre interioridade não repousa em seu templinho inacessível: seria um pensamento terrível que a interioridade um dia desaparecesse e aquela exterioridade arrogante, desajeitada e de uma preguiça desprezível restasse como marca do alemão. Quase tão terrível quanto aquela interioridade ali sentasse, sem poder ser vista, falsificada, colorida, pintada, fazendo as vezes de atriz, quando não coisa pior: como parece concordar, por exemplo, Grillparzer[4], que observa, de modo marginal e discreto, a partir de sua experiência dramático-teatral: "Nós sentimos com abstrações", diz ele, "não mais sabemos como nossos contemporâneos expressam seus sentimentos; fazemo-los agir como hoje ninguém mais age. Shakespeare nos arruinou".

Esse é um caso singular, significativo, talvez muito rapidamente generalizável: mas como seria terrível sua legítima generalização se os casos singulares não devessem, frequentemente, fazer o observador perceber quão desesperada soa a frase: nós, alemães, sentimos com abstração; fomos todos arruinados pela história – uma frase que destruiria pela raiz toda esperança em uma cultura nacional futura, pois essa esperança cresce a partir da crença na autenticidade e imediatidade do sentimento alemão, da crença na interioridade íntegra; o que ainda deve ser esperançado, acreditado, quando a fonte da crença e da esperança maculou-se, quando a interioridade aprendeu a realizar saltos, dançar, maquiar-se, expressar-se em abstração e cálculo e paulatinamente se perder de si mesma! E como pode um espírito produtivo sobreviver entre um povo que

4. Franz Grillparzer (1791–1872), poeta e dramaturgo austríaco.

não está mais seguro de sua interioridade peculiar e que se desfaz, nos cultos, em uma interioridade deseducada e seduzida, e nos incultos, em uma interioridade inacessível? Como pode ele sobreviver quando a unidade do sentimento do povo se perde, e além disso uma parte, justamente a que se denomina a porção culta de um povo, e que atribui para si o direito ao espírito artístico nacional, sabe que seu sentimento é falsificado e colorido. De vez em quando, o julgamento e o gosto do próprio indivíduo poderiam tornar-se mais refinados e sublimes – isso não lhe traz nenhuma vantagem: é-lhe igualmente torturante ter de professar uma seita e não ser mais necessário para o seu povo. Talvez ele preferisse enterrar seu tesouro, porque sente náusea de tornar-se, pretensiosamente, o protetor de uma seita, enquanto seu coração se enche de compaixão por tudo. O instinto do povo não mais o atinge; é inútil estender-lhe nostalgicamente os braços. O que lhe resta agora é direcionar seu ódio exaltado contra aquele feitiço inibidor, contra as barreiras erguidas na chamada cultura de seu povo, para que, como juiz, ao menos condenar aquilo que é, para ele, vivente e procriador, aniquilamento e desonra: assim, ele troca a intuição profunda de seu destino pelo prazer divino da criação e do auxílio e acaba como conhecedor solitário, como sábio mais que saturado. É o espetáculo mais doloroso: quem o vê em sua totalidade conhece aqui uma necessidade sagrada: ele diz a si mesmo que aqui se precisa de ajuda, que aquela unidade superior na natureza e na alma de um povo deve ser novamente construída, aquela cratera entre o interno e o externo deve desaparecer sob as marteladas da necessidade. Que artifícios ele deve usar? Novamente, nele só permanece o seu profundo conhecimento, ele tenta plantar uma necessidade nesse conhecimento que se expressa, se expande: e, assim, da necessidade vigorosa surgirá o ato vigoroso. E com isso não deixo nenhuma dúvida de onde tomo exemplo daquela carência, daquela necessidade, daquele conhecimento: então devo, expressamente, deixar aqui meu testemunho de que é a *unidade alemã* em seu sentido superior que ansiamos, e que ansiamos com mais fervor do que a unidade política, *a unidade da vida e espírito alemães pelo aniquilamento da contradição entre forma e conteúdo, entre interioridade e convenção.*

5

A saturação de uma época com a história me parece ser adversa e perigosa, em relação à vida, em cinco aspectos: com tal excesso cria-se aquele contraste já mencionado entre interior e exterior, enfraquecendo assim a personalidade; por conta desse excesso, uma época imagina possuir a mais rara virtude, a justiça, em maior grau do que outras épocas; por meio desse excesso, o instinto de um povo é destruído, impedindo o amadurecimento tanto do indivíduo quanto da totalidade; através desse excesso, planta-se, a qualquer momento, a crença nociva na velhice da humanidade, a crença de ser tardio e epígono; graças a esse excesso, uma época adquire uma perigosa disposição à ironia sobre si mesma e, com ela, uma disposição ainda mais perigosa ao cinismo; mas, neste caso, nela amadurece uma práxis egoísta e astuta, que debilita as forças vitais e por fim as destrói.

E retornando à nossa sentença inicial: o homem moderno padece de uma personalidade enfraquecida. Assim, como o romano do império tornou-se não romano no que diz respeito ao que o mundo contemporâneo lhe tinha a servir, assim como ele se perdeu no influxo de estrangeiros e se degenerou no carnaval cosmopolita de deuses, costumes e artes, o mesmo acontece com o homem moderno, que continuamente prepara para si a festa de uma exposição universal através de seus artistas históricos; ele se tornou o espectador que aprecia e perambula, chegando a um estado em que mesmo grandes guerras e revoluções mal podem modificar algo, mesmo que em um instante. Mal a guerra acabou, já se transformou, aos milhares, em papel impresso, sendo logo servida como o mais novo aperitivo para o paladar enfastiado do ávido pela história. Parece quase impossível que um som potente e cheio se produza, mesmo quando se tocam as cordas com força: logo ele se amortece, no instante seguinte ele já soa suavemente histórico, fugidio e fraco. Falando moralmente, vocês não mais conseguem instituir o sublime, seus atos são toques súbitos, não trovões retumbantes. Mesmo que se realize o que há de maior e maravilhoso: tem-se de descer ao Hades, apesar da calada e do silêncio. Pois a arte foge quando vocês cobrem seus atos com a tenda da história. Quem quer entender, calcular, compreender, no instante em que deveria suportar, numa longa convulsão, o incompreensível e o sublime, pode ser chamado de racional, mas apenas no sentido em que Schiller fala do senso dos racionais:[1] ele não vê o mesmo que uma criança vê, não ouve o mesmo que uma criança ouve; mas esse "mesmo" é o mais importante: pois, ao não entendê-lo, seu senso é mais infantil do que o da cri-

---

1. Referência ao poema "As palavras da fé", de Schiller. Em alemão: "Verstand der Verständige".

ança e mais ingênuo do que a ingenuidade[2] – apesar das pequenas e hábeis dobras que realiza no pergaminho e no exercício virtuoso de seus dedos ao desembaraçar o embaraçado. Conclusão: ele destruiu e perdeu seu instinto; não pode mais confiar e soltar as rédeas do "animal divino", se seu entendimento claudica e seu caminho conduz ao deserto. Assim, o indivíduo se torna temeroso e inseguro e não pode mais acreditar em si mesmo, ele afunda em si mesmo, no interior, o que aqui quer dizer apenas: na mixórdia acumulada do que aprendeu, que não produz efeitos exteriores, do aprendizado que não se tornou vida. Se se olha para o exterior, percebe-se como o exorcismo dos instintos recriou o homem quase que numa forma pura de *abstractis* e sombra. Ninguém mais ousa apresentar-se em sua pessoa; mascara-se de homem culto, erudito, escritor, político. Arrancam-se essas máscaras acreditando tratar-se de algo sério, e não apenas teatro de bonecos – já que todos eles exibem seriedade –, e de repente só se tem nas mãos trapos e farrapos coloridos. Por isso ninguém deve mais se deixar enganar, por isso se lhes deve recriminar: "Tirem suas vestes ou sejam o que parecem ser". Quem possui aquela seriedade de nascença não mais deve se tornar um Dom Quixote, já que ele tem mais o que fazer, em vez de lidar com pretensas realidades. Mas em todo caso deve observar com atenção cada máscara e dar seu grito de "Alto lá, quem vem!" e

2. Ao traduzir *Einfalt* (ingênuo) e *Einfaltheit* (ingenuidade) perdemos em português a imagem que Nietzsche fará em seguida com a palavra *Falte* (dobra).

tirá-la do rosto. Estranho. Pode-se pensar que a história humana encoraja sobretudo a se ser *sincero* – mesmo que uma tolice sincera; e sempre foi esse seu efeito, mas agora não mais! A cultura histórica e a vestimenta burguesa universal reinam ao mesmo tempo. Enquanto ainda não se tenha falado, em tom solene, da "personalidade livre", não se veem de fato personalidades, muito menos livres, mas apenas homens universais escondidos com medo. O indivíduo se retraiu para o interior: de fora nada se sabe dele; daí a dúvida se é possível haver causas sem efeitos. Ou seria necessária, para vigiar o grande harém da história universal, uma geração de eunucos? Certamente a pura objetividade lhes cai bem. Quase parece como se a tarefa de preservar a história não fosse senão proteger, que dela se esperasse estórias, mas não acontecimentos! Que, através dela, se preveniria que as personalidades se tornassem "livres", quer dizer, verazes para si mesmas, verazes para os outros, sobretudo em palavra e ação. Somente com essa veracidade viria à luz a carência, a miséria interior do homem moderno, e, no lugar da convenção e do mascaramento ocultos com temor, poderiam surgir então, como verdadeiras assistentes, a arte e a religião, para, juntas, semear uma cultura que corresponda às verdadeiras necessidades, e não à atual cultura geral, que ensina a mentir sobre essas necessidades e assim tornar-se uma mentira ambulante.

Em que condições inaturais, artificiais e em todo caso indignas se encontra, em uma época que padece da cultura geral, a mais veraz de todas as ciências, a honesta e nua deusa filosofia! Ela permanece, naquele mundo de uniformidade superficial e forçada, como um monólogo erudito do passeante solitário, butim fortuito do indivíduo, oculto segredo de alcova ou conversinha frívola entre criançolas e velhotes acadêmicos. Ninguém pode ousar seguir, em si, as leis da filosofia, ninguém vive filosoficamente, com aquela hombridade singela que um antigo exigia de alguém que se comportasse estoicamente, onde quer que fosse ou o que fizesse, caso já tivesse jurado lealdade ao estoicismo. Todo o filosofar moderno é político e policial, limitado à aparência erudita por governos, igrejas, academias, costumes e covardias humanas: ele permanece num suspiro "Mas se" ou num conhecimento "Era uma vez". A filosofia não tem direitos no interior de uma cultura histórica, caso ela queira ser mais que um saber interior e tímido, que não produz efeitos; fosse o homem moderno corajoso e decidido, não fosse ele, mesmo em suas inimizades, apenas uma existência interior: ele a baniria; mas ele se satisfaz em cobrir, envergonhado, sua nudez. Aliás, pensa-se, escreve-se, publica-se, fala-se, ensina-se filosoficamente – até aí quase tudo é permitido; apenas na ação, na assim chamada vida, a coisa é diferente: aqui sempre só uma coisa é permitida e todo o resto é simplesmente impossível – assim o quer a cultura histórica. Ainda são homens – pode-se perguntar – ou talvez apenas máquinas de pensar, escrever e falar?

Certa vez, Goethe disse de Shakespeare:[3]

---

3. Ensaio "Shakespeare und kein Ende" (Shakespeare para sempre), de Goethe.

“Ninguém desprezou o figurino material tanto quanto ele; pois conhecia muito bem o figurino humano interior, e neste todos são iguais. Diz-se que ele representou os romanos perfeitamente; não acho isso; eles nada mais são que ingleses encarnados, mas certamente são homens, fundamentalmente homens, e também as togas romanas lhes caem bem.”

Agora eu pergunto se também seria possível representar nossos atuais literatos, cidadãos, funcionários públicos, políticos, como romanos; não seria possível, pois eles não são homens, e sim compêndios encarnados e igualmente abstrações concretas. Se tivessem caráter e natureza própria, enterrariam tudo isso fundo o suficiente para que não mais emergisse à luz do dia: se fossem homens, só o seriam para Aquele “que sonda os rins”.[4] Para todos os outros, seriam algo diferente, nem homens, nem deuses, nem animais, e sim produtos de cultura histórica, inteiramente formação, imagem, forma sem conteúdo comprovável, infelizmente má forma, e além disso uniforme.[5] E assim minha sentença pode ser compreendida e ponderada: *a história é suportada apenas por personalidades fortes; ela extingue completamente as fracas.* Nisso repousa o fato de que ela confunde o sentimento e a sensação naqueles que

---

4. Ironia que utiliza as passagens do Salmo 7, 10 e de Jeremias 11, 20, nas quais Deus é descrito como Aquele que “sonda o coração e os rins”, no sentido de que Ele examina interior e profundamente o caráter de uma pessoa.

5. Não foi possível manter aqui todo o jogo que Nietzsche faz com os radicais *Bild* e *Form*: “Für jeden Anderen sind sie etwas Anderes, nicht Menschen, nicht Götter, nicht Thiere, sondern historische *Bild*ungsge*bilde*, ganz und gar *Bild*ung, *Bild*, *Form* ohne nachweisbaren Inhalt, leider nur schlechte *Form*, und überdies Uni*form*”.

não são fortes o suficiente para medir em si mesmos o passado. Aquele que não mais ousa confiar em si, mas que involuntariamente recorre à história, pedindo-lhe conselho para seu sentir: "como devo sentir?", torna-se paulatinamente, por medo, um ator que representa um papel, na maioria das vezes muitos papéis, todos mal e superficialmente. Aos poucos se perde totalmente a coerência entre o homem e sua esfera histórica; vemos rapazotes desinibidos lidarem com os romanos como se estes fossem da sua laia: e eles soterram e enterram o que sobrou dos autores gregos, como se esses *corpora* lá estivessem para ser dissecados e fossem *vilia*,[6] como são os seus próprios *corpora* literários. Supondo que alguém trabalhe com Demócrito, sempre me vem uma pergunta: por que não Heráclito? Ou Fílon? Ou Bacon? Ou Descartes, e assim por diante? Por que não um escritor, um orador? E ainda: por que afinal um grego, por que não um inglês, um turco? Não é o passado grande o suficiente para que se encontre algo que não os faça parecer tão ridiculamente arbitrários? Mas, como dissemos, é uma geração de eunucos; para o eunuco toda mulher é igual, apenas a mulher, a mulher em si, a eterna inacessível – assim, não importa o que fazem, se a história mesma permanecer conservada bela e "objetivamente" por aqueles que nunca poderão por si mesmos fazer história. E como nunca serão elevados pelo eterno feminino,[7] afastam-se dele e tomam, neutros, também

6. *Corpora vilia* (corpos vis, sem valor). Corpos considerados sem valor e por isso utilizados em experimentos.

7. Menção ao final do segundo livro do *Fausto*, de Goethe: "O eterno feminino nos eleva".

a própria história como neutra. Com isso, não se acredite que comparo seriamente a história com o eterno feminino; quero, ao contrário, expressar com clareza que a considero o eterno masculino, que, para aqueles que são inteiramente "cultivados em assuntos históricos", é indiferente ser homem ou mulher, ou mesmo a comunhão de ambos; eles são sempre neutros ou, em termos cultos, eternos objetivos.

As personalidades são assim apagadas, da forma apontada, até se tornarem a eterna falta de subjetividade ou, como se diz, objetividade: não mais adianta provocá-las; se algo bom e justo acontece, como ação, obra literária ou música, logo o homem soterrado pela cultura desvia os olhos da obra e pergunta pela história do autor. Caso este já tenha realizado mais obras, logo devem ser interpretados os passos anteriores e os prováveis passos posteriores de seu desenvolvimento, logo ele é comparado a outros autores, a escolha de seus temas e seu tratamento devem ser dissecados, desmembrados, sabiamente reunidos de uma nova maneira e censurados e repreendidos em sua totalidade. A coisa mais impressionante pode acontecer, sempre o bando das neutralidades históricas estará, de longe, pronto para observar o autor. Num instante ressoa o eco: mas sempre "crítico", enquanto, pouco antes, o crítico nem sonhasse com a possibilidade de tal acontecimento. Em nenhum lugar se chega a algum efeito, mas sempre a uma "crítica"; e a própria crítica não produz efeito, apenas experimenta a crítica novamente. Daí o acordo em considerar muitas críticas como um sucesso [*Wirkung*], poucas como um fracasso.[8] Mas no fundo permanece, mesmo em tal "efeito" [*Wirkung*] obtido, algo de antigo: embora se tagarele tanto tempo sobre o novo, nesse ínterim novamente se faz o que sempre foi feito. A cultura histórica de nossos críticos não mais permite que ocorra um efeito no seu sentido próprio, ou seja, um efeito na vida e na ação; eles passam seu mata-borrão na tinta mais escura dos escritos, passam seu pincel grosso sobre as palavras mais graciosas, como se fossem correções: aquilo já é novamente passado. A pena dos críticos nunca para de escrever, pois eles perderam o controle sobre ela; eles não a conduzem, são por ela conduzidos. Justamente nessa falta de medida de sua efusão crítica, nessa ausência de domínio sobre si mesmos, que os romanos chamavam *impotentia*, revela-se a fraqueza da personalidade moderna.

8. *Wirkung*, normalmente traduzido por "efeito", recebeu aqui outra acepção possível ("sucesso", no sentido de "bom resultado"), para esclarecer o jogo de palavras aqui presente.

6

Mas deixemos de lado essa fraqueza. Façamos uma questão incômoda a uma notória força do homem moderno: tem ele o direito de se designar, pela sua conhecida "objetividade" histórica, como forte, isto é, *justo*? E justo em maior grau do que os homens de outras épocas? É verdade que essa objetividade tem sua origem numa crescente necessidade e exigência por justiça? Ou ela desperta, como efeito de outras causas, a aparência de que a justiça seja a verdadeira causa desse efeito? Ela não seduz, talvez, a uma presunção danosa, excessivamente lisonjeira, a respeito das virtudes dos homens modernos? – Sócrates considerava uma enfermidade próxima da loucura imaginar possuir uma virtude que não se possui: e certamente tal delírio é mais perigoso do que o desvario oposto de pensar cometer um pecado, um vício. Pois por meio desse desvario talvez seja possível se tornar melhor; mas aquele delírio torna os homens ou sua época, a cada dia, piores, ou seja – nesse caso, injustos.

Certamente, ninguém tem aquela pretensão à reverência em maior grau do que aquele que possui a força e o anseio de justiça. Pois nela unem-se e ocultam-se as maiores e mais raras virtudes, como um mar abissal que produz e absorve correntes por todos os lados. A mão do justo foi feita para julgar; não treme quando segura a balança; decidido, pondera, malgrado a si mesmo, peso por peso; seu olhar não se turva quando os pratos da balança sobem e descem, e sua voz não soa nem forte nem alquebrada quando anuncia o veredicto. Se fosse um demônio do conhecimento, ele transmitiria a atmosfera gélida de uma majestade sobrenatural e terrível, que teríamos de temer e não venerar; mas como ele é humano, tenta galgar de uma dúvida perdoável a uma certeza rigorosa, de uma brandura tolerante a um imperativo "tu deves", da rara virtude da magnanimidade à mais que rara virtude da justiça, ele agora se assemelha àquele demônio, sem ser, desde início, nada mais que um pobre homem, que em cada instante cobra a si mesmo sua humanidade e tragicamente se consome por uma virtude impossível – isso tudo o coloca em uma altura solitária, como *o mais venerável* exemplar da espécie humana; pois ele quer a verdade, mas não como um frio conhecimento sem consequências, mas como uma juíza ordenadora e punitiva; verdade não como posse egoísta de indivíduo, mas como a licença sagrada de mover todas as barreiras da posse egoísta; verdade, em uma palavra, como justiça universal e não algo como caça e satisfação de um caçador. Assim, na medida em que aquele que é veraz possui a vontade incondicionada de ser justo, esse anseio glorificado e impensado pela verdade é geralmente algo grandioso: enquanto diante do olhar apático aflui um grande número de diversos impulsos, como a curiosidade, o medo do tédio, a inveja, a vaidade, o prazer do jogo, impulsos que nada têm a ver com a verdade, com aquele anseio pela verdade. É assim que, embora o mundo esteja repleto de tais "serviçais da verdade", é raro a virtude da justiça estar presente; ela é pouco conhecida e quase sempre odiada de morte: ao contrário, o bando dos aparentes virtuosos de toda época é venerado e amado ostensivamente. Na verdade, poucos servem à verdade, pois apenas poucos possuem a vontade pura de ser justos e, mesmo entre estes, pouquíssimos possuem a força de poder ser justos. Para isso, não basta apenas possuir a vontade: e os mais terríveis sofrimentos dos homens provêm justamente do impulso de justiça aliado à incapacidade de julgar. Por isso, para o bem-estar geral, nada mais se exigiria senão espalhar as sementes da faculdade de julgar da forma mais ampla possível, para diferenciar o fanático do juiz, o desejo cego de ser juiz da força consciente de poder sê-lo. Mas onde se encontraria o solo para plantar a faculdade de julgar! Por isso, quando falam de verdade e justiça para os homens, estes sempre ficam indecisos, sem saber se quem fala com eles é um fanático ou um juiz. Por essa razão, deve-se desculpá-los por sempre saudarem, com particular benevolência, aqueles "serviçais da verdade", que não possuem nem a vontade nem a força de julgar e assumem a tarefa de procurar o conhecimento "puro, sem consequências" ou, mais precisamente, a verdade que nada produz. Existem muitas verdades indiferentes; existem problemas cujo correto julgamento não depende de superação, muito menos de sacrifício. Nessas esferas indiferentes e inofensivas, ocorre de um homem se tornar um frio demônio do conhecimento, apesar disso! Se mesmo em épocas particularmente favorecidas legiões inteiras de eruditos e pesquisadores se transformaram nesses demônios, infelizmente, ainda é possível que nesta época careça-se da justiça grande e rigorosa, em resumo, do núcleo mais nobre do assim chamado impulso à verdade.

Que se coloque diante dos olhos o virtuose histórico da atualidade: é ele o mais justo dos homens de sua época? É verdade que ele cultivou aquela delicadeza e suscetibilidade da sensação de que nada humano lhe é distante: as épocas e pessoas mais diversas ecoam, em sua lira, em tons harmoniosos; ele se tornou um passivo ressonador que ecoa, que com seu eco provoca outros passivos similares, até que esses ecos vibrantes, delicados e harmoniosos preencham confusamente o ar de uma época. Mas me parece que se escutam apenas os harmônicos mais agudos da sonoridade histórica original: não se pode mais adivinhar, a partir do som agudo e estridente das cordas, a força e o poder do original. O tom original despertava, na maioria das vezes, atos, necessidades, horrores; agora ele nos entorpece e nos transforma em apreciadores indolentes: é como se a sinfonia *Eroica* tivesse sido arranjada para duas flautas, para o desfrute de opiômanos delirantes. Daí se pode medir como as mais altas pretensões do homem moderno para a justiça superior e pura se apresentam para esses virtuoses; essa virtude nada tem de agradável, não conhece nenhuma oscilação estimulante; é rígida e terrível. Em sua régua, a magnanimidade está na parte inferior da escala da virtude, a magnanimidade que é a característica de um historiador raro e singular! Mas muitos alcançam a tolerância, a indiferença e a edulcoração massificada e benevolente, na arguta suposição de que o homem inexperiente interpreta como virtude da justiça a narração do passado sem uma entonação áspera e sem expressão de ódio. Mas apenas a força superior pode julgar; o fraco tem de tolerar, caso não finja ser forte e não queira fazer a justiça posar de comediante na cadeira do juiz. Resta ainda uma temível espécie de historiador, de caráter bravo, rigoroso e honesto – mas de cabeça estreita –, aqui a boa vontade é justa e se apresenta como o *páthos* da magistratura, mas suas sentenças são equivocadas, mais ou menos como, pelos mesmos motivos, são equivocadas as sentenças de júris comuns. Como é também improvável a ocorrência do talento histórico! Deixando de lado, aqui, os egoístas e partidários disfarçados que, fingindo, fazem feições justas e objetivas. Excluindo também as pessoas totalmente desarrazoadas, que ingenuamente escrevem, como historiadores, que sua época tem razão em todos os pontos de vista populares e que escrever de acordo com sua época significa ser justo; uma fé que anima toda religião e sobre a qual, nas religiões, nada mais temos a dizer. Esses historiadores ingênuos chamam "objetividade" medir as opiniões e os fatos passados a partir das opiniões difundidas no momento; aqui eles encontram o cânone de toda verdade: seu trabalho é ajustar o passado à trivialidade atual. Caso contrário, chamam de subjetivista toda historiografia que não toma a opinião popular como canônica.

Não poderia mesmo subjazer, no sentido mais elevado da palavra objetividade, uma ilusão? Pois se entende com essa palavra um estado em que o historiador enxerga, em um evento, todos seus motivos e consequências, de forma tão pura que não afeta sua subjetividade. Pense-se naquele fenômeno estético, naquela libertação de interesse pessoal com que o pintor vê, em uma paisagem tempestuosa, um mar revolto sob raios e trovões, sua imagem interior, quer dizer, a imersão completa nas coisas: é contudo uma superstição dizer que a imagem com que as coisas se apresentam a esse homem, assim forjado, reproduzisse a existência empírica das coisas. Ou as coisas deveriam, em todo momento, em sua atividade, serem igualmente desenhadas, retratadas, fotografadas em uma passividade pura?

Isso seria uma mitologia, e das ruins além disso. Nela se esqueceria que todo momento é, no interior do artista, justamente o momento criador mais forte e ativo, um momento de composição do tipo mais superior, cujo resultado será uma pintura artisticamente verdadeira, e não historicamente verdadeira. Desse modo, pensar a história objetivamente é o trabalho silencioso do dramaturgo; ou seja, pensar tudo em correlação, tecer o particular em um todo – com o pressuposto geral de que se deveria colocar a unidade do plano nas coisas, caso já não esteja nelas. Assim o homem inventa o passado e o exorciza, assim seu impulso artístico se exterioriza – mas não o seu impulso à verdade e à justiça. Objetividade e justiça não têm nada a ver uma com a outra. Seria possível pensar em uma historiografia que não tivesse em si nenhuma gota de verdade empírica comum e, contudo, pretendesse receber o predicado de objetividade em seu mais alto grau. Aliás, Grillparzer ousa explicar:

O que é a história senão a forma como o espírito do homem assimila os *eventos que lhe são impenetráveis*; aquilo que, Deus sabe como, faz correlações. O incompreensível é substituído pelo compreensível; impõe seu conceito de finalidade externa a uma totalidade que só conhece a finalidade interna; admite sempre o acaso, onde atuaram milhares de pequenas causas. Todo homem tem igualmente sua necessidade individual, de tal modo que milhões de direções correm, paralelamente, em linhas retas e oblíquas, que se cruzam, se impedem, se impelem para frente e para trás e assim admitem, entre si, o caráter de acaso e de tal modo que, excetuando as intervenções dos eventos naturais, tornam impossível provar uma necessidade apreensível e abrangente daquilo que ocorre.

Mas é justamente essa necessidade que aquele olhar "objetivo" das coisas deve trazer à luz! Isso é um pressuposto que, quando é expresso como profissão de fé do historiador, só pode ser admitida como uma forma estranha; Schiller expôs com toda clareza e propriedade a subjetividade dessa admissão, quando diz do historiador: "um fenômeno começa, um atrás do outro, a se soltar da imprecisão cega e da liberdade sem regras e a se organizar em um todo coerente – *que certamente só existe em sua imaginação* [*Vorstellung*] – como um elo que se enfileira".[1] O que dizer, contudo, desta afirmação de um célebre virtuose da história, expressa com fé, oscilando artificialmente entre a tautologia e o absurdo: "não é um fato inquestionável que toda ação e impulso humanos são submetidos ao silencioso e nem sempre

---

1. Schiller, "O que significa e para que fim se estuda a história universal". *Vorstellung*, normalmente traduzido por representação, foi vertido aqui por imaginação.

percebido, mas violento e ininterrupto curso das coisas?" Em tal frase se percebe tanto uma verdade enigmática quanto uma inverdade patente; como o dito do jardineiro goethiano: "a natureza se deixa forçar, mas não se coagir"[2], ou na inscrição de uma barraca de quermesse, contada por Swift: "Aqui se encontra, com exceção de si mesmo, o maior elefante do mundo". Qual é, contudo, a oposição entre ação e impulso humanos e o curso das coisas? Ocorre-me que historiadores como aqueles cuja frase citamos não mais ensinam, assim que universalizam, e mostram o sentimento de sua fraqueza no escuro. Em outras ciências, a universalidade é o mais importante, uma vez que ela contém as leis: se a frase por nós mencionada valesse como lei, então se teria de retrucar que o trabalho historiográfico desapareceria; pois o que sobra de verdade na frase, com a retirada do resto obscuro e indissolúvel, sobre o qual falamos, é algo conhecido e mesmo trivial; pois ocorre a todos na pequena esfera da experiência. Por isso, o incômodo de povos inteiros e anos de trabalho exaustivo nada significaram, nas ciências naturais, senão o acúmulo de experimento atrás de experimento, muito depois que a lei foi deduzida do tesouro da experiência; aliás, segundo Zöllner[3], a ciência natural atual padece dessa absurda desmesura do experimento. Se o valor de um drama residisse no desfecho e nas ideias principais, o próprio drama seria possivelmente um caminho longo

---

2. *Carta de Goethe a Schiller,* de 21/02/1798.

3. Johann Karl Friedrich Zöllner (1834–82), astrônomo e físico alemão.

e sinuoso em direção a um fim; e, assim espero, a história não deve encontrar seu significado nas ideias universais, como uma espécie de florada e fruto; seu valor reside justamente em reescrever, de forma engenhosa, um tema conhecido e mesmo habitual, uma melodia ordinária, erguê-lo, alçá-lo a um símbolo abrangente, percebendo, no tema original, toda profundeza, poder e beleza.

Para isso, é preciso sobretudo uma grande potência artística, um pairar criador sobre as coisas, uma imersão apaixonada nos dados empíricos, uma poetização de tipos dados, a isso pertence a objetividade, mas como qualidade positiva. No entanto, frequentemente a objetividade é tão somente um chavão. No lugar daquela serenidade, internamente lampejante e externamente imóvel e obscura, do olhar artístico, surge a afetação de serenidade; como a ausência de *páthos* e de força moral costuma se travestir de frieza penetrante da observação. Em certos casos, a banalidade do pensamento, a sabedoria banal, que apenas por seu tédio causa a impressão de serenidade, ousa apresentar-se como tranquilidade, a fim de valer como aquele estado artístico em que o sujeito silencia e se torna completamente imperceptível. Então, é ansiado tudo o que não intranquiliza e a mais seca palavra é justa. Aliás, chega-se ao ponto de se consentir que se tenha como ocupação a representação de um momento do passado que *em nada lhe importa.* Assim comportam-se frequentemente os filólogos em relação aos gregos: a eles nada interessa – isso então é chamado de "objetividade"! Onde o mais elevado e raro deve ser representado, há o desinteresse intencional e explícito, a arte superficial da motivação, sobriamente escolhida; justamente isso revolta – quando a *vaidade* do historiador o impele a ostentar essa indiferença como objetividade. Além disso, no trato com esse autor, deve-se julgar segundo o princípio de que todo homem tem justamente tanta vaidade quanto lhe falta entendimento. Não, sejam ao menos honestos! Vocês não procuram a ilusão da força artística que se pode efetivamente chamar objetividade, não procuram a ilusão de justiça, se não são consagrados para a terrível vocação do justo. Como se a tarefa de toda época fosse a de ser justo com tudo que já existiu! Nunca épocas ou gerações tiveram direito a ser juízas de todas as épocas e gerações passadas: ao contrário, somente aos indivíduos, justamente aos mais raros, ocorreu missão tão desconfortável. Quem os coage a julgar? E então, provem apenas que podem ser justos quando quiserem! Como juízes, devem estar acima do réu; contudo, só chegam tardiamente. Os convidados que chegam por último à mesa devem, com razão, receber os últimos lugares; e querem ter os primeiros? Façam ao menos o mais elevado e grandioso; talvez assim lhes sejam oferecidos os primeiros lugares, mesmo quando chegarem por último.

Apenas da força superior do presente lhes é permitido interpretar o passado: apenas sob a pressão de suas qualidades mais nobres adivinharão o que do passado é digno de conhecer e preservar. De igual para igual! Senão rebaixarão o passado a si mesmos. Não creiam em uma historiografia se ela não provier do maior dos espíritos mais raros; mas sempre perceberão que característica tem seu espírito quando ele precisa expressar algo universal ou repetir algo conhecido por todos: o historiador atento deve ter a força de transformar o conhecido por todos no inaudito e expressar o universal de forma tão simples e profunda que não se veja nem a simplicidade acima da profundidade nem a profundidade acima da simplicidade. Ninguém pode ser ao mesmo tempo um grande historiador, um homem artístico e um cabeça-oca: ao contrário, não se deve subestimar os trabalhadores braçais que carregam, extraem e examinam pela certeza de que eles não podem tornar-se grandes historiadores; muito menos confundi-los com estes últimos, mas compreendê-los como aprendizes e ajudantes braçais a serviço do mestre, assim como os franceses, com mais ingenuidade do que os alemães, costumam falar dos *historiens de* M. Thiers[4]. Esses trabalhadores braçais devem paulatinamente tornar-se eruditos, mas por isso nunca poderão ser mestres. Um grande erudito e um grande cabeça-oca – duas coisas que combinam.

Portanto, o homem experimentado e superior escreve a história. Quem nunca viveu algo elevado e grandioso não saberá interpretar o elevado e o superior do passado. A sentença do passado é sempre a sentença de um oráculo: a qual, apenas como arquitetos do futuro, sábios do presente, vocês poderão entender. O efeito de Delfos, extraordinariamente profundo e vasto, explica-se pelo fato de que seus sacerdotes eram conhe-

4. Lous A. Thiers (1797–1877), historiador francês. O sentido da expressão em francês é: "os historiadores que trabalham para M. Thiers".

cedores acurados do passado; agora não convém saber que apenas aquele que constrói o futuro tem o direito de julgar o passado. Vejam adiante, imponham-se um grande objetivo e domem ao mesmo tempo aquele impulso analítico exagerado que desertifica o presente e impossibilita toda tranquilidade, todo crescimento pacífico e amadurecimento. Puxem para si a cerca de uma esperança grande e abrangente de um impulso esperançoso. Formem em si uma imagem que deva corresponder ao futuro e esqueçam a superstição de serem epígonos. Os senhores têm bastante sobre que refletir e inventar quando refletem sobre a vida futura; mas não perguntem à história se ela mostra o "como?", o "porquê?". Se os senhores, ao contrário, viverem a história dos grandes homens, aprenderão o mandamento superior de se tornar maduro e de fugir daquele feitiço paralisante da pedagogia da época, cuja utilidade reside em não deixar que se amadureça, a fim de dominar e pilhar os imaturos. E desejem biografias que não tragam na capa o bordão "Senhor fulano de tal e sua época", mas sim "um guerreiro contra seu tempo". Alimentem sua alma com Plutarco e ousem acreditar em si mesmos como acreditam em seus heróis. Com uma centena de homens educados dessa maneira antimoderna, isto é, maduros e habituados ao heroico, pode-se calar toda a cultura baixa e barulhenta desta época.

7

O sentido histórico, quando reina *de forma incontrolada* e extrai todas as suas consequências, extingue o futuro, pois destrói as ilusões e rouba das coisas existentes a atmosfera sem a qual não podem viver. A justiça histórica, mesmo quando é realmente exercida e em pura conscienciosidade, é por isso mesmo uma virtude terrível, por sepultar e sabotar o que vive: seu julgar é sempre um aniquilar. Se atrás do impulso histórico não imperar nenhum impulso construtivo; se não destruir e se dispuser a construir, com esperança, sua casa, seu futuro sobre um solo livre; se a justiça reinar sozinha, então o instinto criador é enfraquecido e desanimado. Por exemplo, uma religião que, sob o reino da justiça, se tornasse saber histórico, uma religião que fosse conhecida cientificamente em sua totalidade se destruiria no fim do caminho. A razão disso reside no fato de que surgem, na contabilidade da história, tanta falsidade, crueza, inumanidade, absurdo e violência, que necessariamente se dissipa o ânimo ilusório e piedoso somente no qual tudo o que quer viver pode viver: mas apenas no amor, apenas nas sombras da ilusão do amor é que o homem cria, ou seja, na incondicional crença no perfeito e justo. Quem é obrigado a não mais amar tem as raízes de sua força arrancadas de si:

ele apodrece, ou seja, torna-se ímprobo. Nesses efeitos a história contrapõe-se à arte: talvez somente quando a história suportar transformar-se em obra de arte, ou seja, em pura forma artística, ela poderá conservar ou mesmo despertar os instintos. Essa historiografia, contudo, contradiz o ímpeto analítico e inartístico de nossa época, e é até mesmo sentida como falsificação. Contudo, a história que apenas destrói, sem ter um impulso criador a conduzi-la, torna-se, com o tempo, pedante e inatural: pois esses homens destroem as ilusões e "a natureza, como a mais dura tirana, pune quem destrói as ilusões em si e nos outros".[1] Pode-se até lidar com a história de maneira inofensiva e discreta, como se fosse uma ocupação como qualquer outra. Os novos teólogos, particularmente, parecem aprovar a história pura, devido ao seu caráter inofensivo, mal percebendo que com isso, e provavelmente contra a própria vontade, estão a serviço do *écrasez* voltairiano.[2] Ninguém supunha atrás disso um instinto construtor forte; poder-se-ia então considerar a dita União Protestante[3] como o útero de uma nova religião, e um jurista como Holtzendorf[4] (como editor e prefaciador da dita Bíblia protestante), o João do Rio Jordão. Talvez essa época auxilie a filosofia hegeliana, que ainda tortura as velhas cabeças, na propagação daquela inocuidade, diferenciando a "Ideia do cristianismo" de suas múltiplas e imperfeitas formas de

---

1. Goethe, "Fragmento sobre a natureza".

2. Referência ao "destruam a infame", ou seja, a Igreja.

3. Instituição alemã, fundada no século XIX, que unia diversos segmentos da igreja reformada.

4. Franz von Holtzendorf (1829–89), jurista alemão.

manifestação e convencendo como a "paixão" da Ideia se revela de forma cada vez mais pura, transparente e até pouco visível aos cérebros dos atuais *theologus liberalis vulgaris*[5]. Se ouvir o que esses cristianismos puríssimos têm a falar dos antigos cristianismos impuros, um ouvido imparcial terá a impressão de que o assunto não é o cristianismo, mas o que devemos pensar disso? Quando vemos o cristianismo ser designado pelos "maiores teólogos do século" como a religião que se pode sentir no interior de todas as religiões existentes e ainda nas meramente possíveis e quando a "Igreja verdadeira" é aquela que "se torna uma massa fluida e sem limites, onde cada parte se encontra aqui e acolá e tudo se mistura pacificamente", mais uma vez, o que devemos pensar disso?

O que se pode aprender do cristianismo é que ele, sob o efeito de um tratamento histórico, torna-se pedante e inatural, até o ponto em que um tratamento inteiramente histórico, isto é, justo, dissolve-o em um saber puro sobre o cristianismo e o destrói, o que pode ser estudado em tudo o que é vivo: que deixa de viver quando é dissecado e vive enfermo e lacerado quando aplica em si a dissecação histórica. Há homens que acreditam em um poder curador, transformador e reformador da música alemã: eles se enraivam, acham injusto e um crime contra o que há de mais vivo em nossa cultura, quando homens como Mozart e Beethoven são assolados por todo um amontoado das biografias eruditas e, graças ao método de tortura da crítica histórica, são

5. Teólogo liberal comum.

constrangidos a responder a milhares de perguntas impertinentes. Não chegando a levar à exaustão seus efeitos vitais extemporâneos ou ao menos imobilizá-los, o fato é que a curiosidade ávida se dirige aos inúmeros micrólogos da vida e obra e procura problemas de conhecimento onde se devia aprender a viver e a esquecer todos os problemas. Se imaginássemos transportar meia dúzia desses biógrafos modernos para o nascedouro do cristianismo ou da reforma luterana, sua curiosidade ávida, sóbria e pragmática teria bastado para tornar impossível qualquer *actio in distans*[6] espiritual: como o mais miserável dos animais pode evitar o surgimento de um carvalho ao engolir seus frutos. Tudo o que é vivo precisa ter em torno de si um círculo de névoa e mistério; se lhe tomam está névoa, se uma religião, uma arte, um gênio é condenado a girar como um astro sem uma atmosfera: não se deve admirar do seu rápido apodrecimento, tornando-o duro e estéril. Assim ocorre com todas as grandes coisas, "que não prosperam sem alguma ilusão", como afirma Hans Sachs em *Os mestres-cantores*.

Mas mesmo um povo, um homem que queira *amadurecer* necessita dessa ilusão nevoenta, dessa nuvem envolvente e protetora; hoje em dia se odeia o amadurecimento porque se venera mais a história do que a vida. Aliás, hoje é vangloriado o fato de que "a ciência começa a dominar a vida": é possível que se chegue a isso, mas a vida assim dominada não tem muito valor, pois é menos *vida* e garante menos vida para o futuro do que

6. Ação a distância.

outrora, quando se dominava a vida não pelo saber, mas por instintos e fortes alucinações. Mas esta não deve ser, como dissemos, uma época de personalidades harmoniosas, perfeitas e maduras, mas a do trabalho mais ordinário e mais útil possível. Isso significa que os homens devem direcionar-se aos propósitos da época para trabalhar o mais cedo possível. Eles devem trabalhar na fábrica das utilidades universais antes de se tornar maduros – porque seria um luxo dispensar do "mercado de trabalho" uma grande quantidade de força. Cegam-se alguns pássaros para que eles cantem melhor; não acredito que os homens de hoje cantem melhor do que os de outrora, mas sei que se cegam na atualidade. Mas o instrumento, o terrível instrumento que utilizam para cegar é *uma luz por demais rútila, súbita e cambiante.* O homem jovem é chicoteado por séculos: jovens que não entendem de guerra, de ação diplomática, de política comercial, são considerados aptos à introdução à história política. Assim como os jovens passeiam na história, nós, modernos, passeamos pelas galerias de arte e ouvimos concertos. Bem se sente que algo soa diferente, que algo provoca coisas diferentes: perder esse estranhamento, não mais se surpreender excessivamente, enfim, tudo tolerar – isso se chama sentido histórico, cultura histórica. Expressando-me sem floreios: a massa de afluentes é tão grande, o estrangeiro, o bárbaro e o violento, "espremidos em um monstruoso torrão",[7] pressionam com tanta força a alma juvenil, que ela só sabe se salvar com uma estupidez calculada. Onde repousa

7. Citação de "O mergulhador", de Schiller.

uma consciência refinada e forte, encontra-se também uma outra sensação: o nojo. O jovem se tornou um apátrida, duvidando de todos os costumes e conceitos. Agora ele sabe: em todos os tempos as coisas eram diferentes, não importando como você seja. Em sua insensibilidade apática, ele deixa passar por si pensamentos após pensamentos e entende as palavras de Hölderlin sobre a leitura da vida e obra dos filósofos de Diógenes Laércio: "Experimentei, novamente aqui, o que às vezes já me havia sucedido, a saber, que o que há de passageiro e mutável dos pensamentos e sistemas humanos me tinha atingido de forma quase mais trágica do que os destinos, que frequentemente são considerados a única realidade".[8] Não, tal história transbordante, ensurdecedora e violenta certamente não é necessária para a juventude, como mostravam os antigos, sendo até mesmo perigosa, como mostram os modernos. No entanto, observem os estudantes de história, são herdeiros de um pedantismo precoce, perceptível desde garotos. Para eles, o "método" é seu próprio trabalho: a apreensão correta e o tom solene que deve copiar dos mestres; um pequeno capítulo isolado do passado é sacrificado por sua perspicácia e pelo método ensinado; ele já produziu ou, usando palavras mais vaidosas, ele já "criou"; ele se tornou um serviçal da história por intermédio dos fatos e um senhor no campo da história. Ele já estava "pronto" desde garoto, agora recebe apenas o acabamento; basta sacudi-lo para a verdade cair-lhe ruidosamente no colo; mas a verdade está podre e

8. *Carta de Hölderlin a Isaak v. Sinclair*, de 24/12/1798.

toda maçã carrega consigo o seu bicho. Acreditem em mim: se um homem deve trabalhar na fábrica da ciência e ser útil antes de amadurecer, logo também a ciência se arruinará, como os modernos escravos dessa fábrica. Lamento o jargão e o uso de palavras como senhor de escravos e empregador para designar essas relações, que deviam ser pensadas como livres de toda utilidade e carência: mas involuntariamente me escapam palavras como "fábrica, mercado de trabalho, oferta, utilidade" – que soam como verbos auxiliares do egoísmo – quando esboço a mais jovem geração de eruditos. A mediocridade sólida torna-se cada vez mais medíocre; a ciência, em sentido econômico, cada vez mais útil. De fato, os novíssimos eruditos são sábios em apenas um ponto, no qual são mais sábios do que todos os homens do passado; nos outros pontos, são infinitamente diferentes – dito com cautela – em relação a todos os eruditos de antiga linhagem. Apesar disso, exigem honras e vantagens para si, como se o Estado e a opinião pública fossem obrigados a aceitar as novas moedas tanto quanto as antigas. Os trabalhadores braçais fecharam um contrato e decretaram o gênio como dispensável – determinando que todo trabalhador braçal é um gênio: provavelmente um tempo posterior verá que suas construções foram mais ajuntadas que construídas. Pode-se dizer àqueles que incansavelmente entoam as convocações à guerra e ao sacrifício, "Participação no trabalho! Em fila!", em alto e bom som: se quiserem fomentar a ciência o mais rápido possível, então que a destruam o mais rápido possível; como destruíram a galinha que obrigam a pôr ovos artificial e rapidamente. É certo que a ciência recebeu um incentivo surpreendentemente rápido nas últimas décadas: mas observem os eruditos, são galinhas exaustas. Não são verdadeiramente naturezas "harmônicas": apenas cacarejam mais do que antes, por porem seus ovos publicamente; certamente os ovos são cada vez menores (embora os livros sejam cada vez mais grossos). Como resultado último e natural, alcança-se a amada "popularização" (ao lado da "afeminação" e da "infantilização") da ciência, isto é, o infame corte do tecido da ciência de acordo com as medidas do "público diversificado": a fim de nos utilizarmos de um alemão de alfaiataria para atividade própria à alfaiataria. Goethe via nisso um mau uso e exigia que a ciência só devesse exercer efeito no mundo exterior através de uma *práxis superior*. Além disso, para as gerações mais antigas de eruditos, esse mau uso parece, por boas razões, ser algo difícil e perturbador: igualmente por boas razões, ele é fácil para os jovens eruditos, pois eles mesmos, exceto por uma pequena faceta do conhecimento, pertencem ao público diversificado e compartilham suas necessidades. Eles precisam se acomodar confortavelmente, e assim conseguem adequar seu pequeno campo de estudo àquela curiosidade popular geral. Para esse ato de acomodação forjam o nome de "modesta condescendência do erudito para com seu povo"; enquanto, no fundo, o erudito apenas se rebaixa a si mesmo, na medida em que não é um erudito, mas um plebeu. Criem para si o conceito de "povo": nunca poderão pensar nele de forma nobre e suficientemente elevada. Se vocês tivessem grandeza ao pensar no povo, seriam compassivos para com ele e se guardariam de oferecer-lhe sua água-forte como bebida vital e fortificante. Mas no fundo vocês pensam nele de forma estreita, pois não podem ter nenhum respeito verdadeiro e seguro do futuro e se comportam como pessimistas práticos, quero dizer, como homens que têm a percepção de um declínio e com isso se tornam indiferentes e relapsos em relação ao estranho e mesmo ao próprio bem. Se o chão ainda nos suportar! E se ele não mais nos suportar, tudo bem – assim eles sentem e vivem uma existência *irônica.*

8

Embora possa parecer estranho, não é contudo contraditório quando atribuo, a uma época que costuma manifestar-se de forma tão gritante e insistente sobre o triunfo de sua cultura histórica, uma espécie de *autoconsciência irônica*, uma percepção pairando de que aqui não há triunfo, de que em breve ela sucumbirá com todo o deleite do conhecimento histórico. Um enigma semelhante, no que diz respeito a personalidades particulares, nos é colocado por Goethe, em sua notável caracterização de Newton: ele encontrou, na base (ou melhor, no ápice) de seu ser, "uma compreensão turva de seu erro", como que, num instante singular, a expressão perceptível de uma consciência reflexiva e orientada tivesse alcançado uma certa visão panorâmica irônica da natureza que lhe era necessariamente interior. Assim se encontra, justamente nos maiores e mais desenvolvidos homens históricos, uma consciência embotada, que beira o ceticismo generalizado, do quanto há de absurdo e superstição na crença de que a educação de um povo deva ser pesadamente histórica, como ocorre hoje; pois justamente os povos mais fortes, sobretudo em atos e obras, viveram e educaram sua juventude de forma diferente. Mas aquele absurdo e aquela superstição nos pertencem – assim nos objeta o cético –, nós, os últimos e pálidos rebentos de gerações poderosas e exultantes, podemos interpretar a profecia de Hesíodo de que os homens nasceriam vetustos e que Zeus destruiria essa geração assim que esse sinal ficasse visível. A cultura histórica é de fato uma espécie de vetustez inata, e aqueles que trazem consigo os sinais da infância devem atingir a crença instintiva na *antiguidade humana*; mas agora a antiguidade é uma ocupação de idosos, ou seja, ter lembranças, olhar para trás, fazer contas, concluir e buscar consolo na convalescença; em resumo, a cultura histórica. A espécie humana, contudo, é uma coisa perene e obstinada, não quer ter seus passos – para frente e para trás – julgados depois de milhares, de centenas de milhares de anos, ou seja, *não* quer ser considerada como um todo a partir de um infinitamente pequeno ponto atômico, um homem singular. O que poucos milênios podem nos ensinar (ou, para expressar de outra forma, trinta e quatro anos consecutivos de uma vida de sessenta anos) para podermos falar, no início, de uma "juventude", e, no final, "da velhice da humanidade"! Não se esconde nessa crença paralisante em uma humanidade já murcha o mal-entendido de uma concepção teológica cristã, herdada da Idade Média, a ideia paralisante da aproximação de um fim do mundo, de um juízo final temivelmente aguardado? Essa ideia, travestida pela crescente necessidade de julgar da história, como se nossa época, a última das possíveis, tivesse sido incumbida de assumir aquele juízo final, que a crença cristã reserva não para o homem mas para "o filho do homem"? Em outras épocas, esse evocativo *memento mori*[1] foi sempre um espinho torturante e igualmente o ápice da ciência e da consciência medieval. Para ser franco, o chamado contrário de nossa época, *memento vivere*[2], ainda ressoa de forma bem acanhada, não sai a plenos pulmões e tem algo de quase desonesto. Pois a humanidade ainda repousa no *memento mori* e revela isso por meio da necessidade histórica universal: o saber não pôde, apesar da força de suas asas, levantar voo, deixando um profundo sentimento de desesperança e assumindo aquela coloração histórica que, com apatia, escurece toda educação e cultura superiores. Uma religião que considera, de todas as horas da vida de um homem, a sua última como a mais importante, que prevê o término completo da vida na Terra e condena todos a viver no quinto ato da tragédia, certamente estimula a força mais profunda e nobre, mas é adversária de toda nova semeadura, de toda busca ousada, de todo desejo de liberdade; ela se opõe àquele voo rumo ao desconhecido, pois não ama nem nutre esperanças: só contra a vontade ela deixa que o devir a estimule e, no momento certo, o desconsidera e o sacrifica, como uma sedução para a existência, como uma mentira a respeito da vida. Aquilo que os florentinos faziam, quando eles, impressionados com os sermões de Savonarola[3], patrocinaram aquelas célebres fogueiras sacrificais, queimando quadros, manuscritos, espelhos e máscaras, o cristianismo podia fazer com qualquer cultura que estimula a perse-

---

1. Lembra que morrerás.
2. Lembra que viverás.
3. Girolamo Savonarola (1452–98), frade italiano.

verança e toma o *memento vivere* como lema; e quando não é possível fazer isso direta e serenamente, isto é, com superioridade, ela alcança, em todo caso, seu objetivo, quando se alia à cultura histórica, na maioria das vezes sem cumplicidade e, falando a partir de si, rejeita todo devir com indiferença e dissemina o sentimento de ser serôdio e epígono, em resumo, de ter nascido vetusto. A consideração amarga e profundamente séria sobre o desvalor de todo passado, sobre como o mundo está pronto para ser julgado, afugentou-se na consciência cética de que em todo caso é bom conhecer o passado por completo, porque é muito tarde para fazer algo melhor. Assim, o sentido histórico realiza seu serviço de forma passiva e retrospectiva, e só por um esquecimento momentâneo, na intermitência desse sentido, o paciente da febre histórica se torna ativo, para que, assim que a ação acabe, disseque o ato com a observação analítica, com o propósito de evitar sua proliferação e enfim tirar sua pele em nome da "história". Nesse sentido, vivemos ainda como na Idade Média e a história é uma teologia disfarçada: como também a veneração com que os cientificamente leigos tratam a casta de cientistas é uma veneração herdada do clero. O que a Igreja antes oferecia, hoje a ciência oferece, embora tardiamente: mas a Igreja ainda oferecia algo que produzia seus efeitos, ao contrário do espírito moderno, que, ao lado de suas boas qualidades, são reconhecidas sua avareza e sua inaptidão para a nobre virtude da generosidade.

Talvez não agrade a observação, muito menos a dedução do excesso de história a partir do *memento mori* medieval e da desesperança que o cristianismo traz no coração a respeito de todo futuro da existência terrena. Deve-se, ao menos, substituir essa minha explicação hesitante por uma explicação melhor; pois a origem da cultura histórica – e seu radical desacordo com o espírito de uma "época moderna", de "uma consciência moderna" dessa origem –, *deve* ser ela mesma outra vez conhecida historicamente, a história *deve* resolver o próprio problema da história, o saber *deve* voltar seu ferrão contra si mesmo – esse triplo "*deve*" é o imperativo do espírito da "época moderna", caso nele haja realmente algo de novo, poderoso, afirmativo da vida e original. Ou deve ser verdade que nós alemães – deixando os povos românicos fora do jogo – temos de ser, nas questões superiores da cultura, sempre tardios, porque só isso *podemos* ser, como expressa essa instigante frase de Wilhelm Wackernagel[4]:

> Nós, alemães, somos um povo de descendentes, somos sempre, com todo o nosso saber superior, até mesmo com nossas crenças, herdeiros do mundo antigo; e também aqueles que têm o mundo antigo como adversário não deixam de respirar, além do espírito do cristianismo, o espírito imortal da cultura clássica, e caso alguém conseguisse subtrair esses dois elementos do sopro de vida que preenche o interior do homem, então não restaria muita coisa para manter uma vida espiritual.

Mesmo com a vocação de herdeiro da Antiguidade, nos acalmaria se decidíssemos tomá-la firmemente como séria e grande, e reconhecêssemos nessa firmeza

4. Wilhelm Wackernagel (1806–69), filólogo alemão. Citação da obra *Ensaios sobre a história literária alemã*.

nosso único e excelso privilégio – então, apesar disso, seríamos obrigados a perguntar se o nosso destino eterno deva ser o do *pupilo da Antiguidade em declínio*: quando será permitido atingir nosso alvo a passos altos e largos? Quando mereceremos o elogio de termos recriado em nós o espírito da cultura alexandrino-romana – também em nossa história universal – de uma forma tão frutífera e grandiosa, a fim de, como recompensa mais nobre, podermos nos propor a tarefas intensas, entre elas retornar ao mundo alexandrino e superá-lo, procurando nossos modelos de olhar intrépido nos gregos antigos, no mundo originário da grandeza, do natural e do humano? *Mas lá encontramos também a realidade de uma cultura essencialmente aistórica e uma cultura, apesar ou talvez por isso mesmo, indizivelmente rica e viva.* Não fôssemos nós, alemães, nada além de herdeiros, não poderíamos, vendo essa cultura como herança a ser apropriada, ser algo maior e orgulhoso que herdeiros.

Devemos única e exclusivamente dizer que, mesmo o pensamento, frequentemente embaraçoso, de ser epígono, pensado altivamente, pode garantir grandes resultados e um esperançoso anseio pelo futuro, tanto para um indivíduo quanto para um povo; na medida em que nos entendermos como herdeiros e sucessores de forças clássicas e surpreendentes, vendo nisso nossa honra, nosso estímulo. Não como pálido e fraco rebento tardio de gerações fortes, que leva uma vida acanhada de antiquário e coveiro. Esses rebentos tardios vivem certamente uma existência irônica: a destruição está nos seus calcanhares, seguindo os passos mancos de suas vidas; eles tremem diante dela, quando desfrutam do passado, pois são memórias vivas, e contudo suas recordações, sem herdeiros, são absurdas. Assim são tomados por uma compreensão turva de que sua vida é um erro e de que não têm direito a nenhuma vida futura.

Mas pensemos que repentinamente aqueles tardios antiquários tenham a insolência de se opor àquela modéstia dolorosa e irônica; pensemos como eles anunciarão, com uma voz estridente: o homem está no auge, pois agora possui o saber sobre si e se tornou a si mesmo manifestamente – assim teríamos um espetáculo em que, como em imagem, teria decifrado o significado enigmático de uma filosofia muito renomada na cultura alemã. Acredito que não houve, neste século, nenhum abalo ou mudança perigosa na cultura alemã que não se tenha tornado algo mais perigoso através do efeito, descomunal e até hoje influente, dessa filosofia, da filosofia hegeliana. Na verdade, paralisante e mortificante é a crença de ser um rebento tardio de sua época: mas ela deve parecer terrível e destrutiva quando um dia essa crença, através de uma guinada atrevida, idolatra esse rebento como o verdadeiro sentido e fim de todos os acontecimentos anteriores, quando sua miséria erudita é igualada à consumação da história universal. Essa forma de consideração acostumou os alemães a falar sobre o "processo universal" e a justificar sua própria época como o resultado necessário do processo universal; essa forma de considerar colocou a história, no lugar de outras forças espirituais, tais como a arte e a religião, como soberana única, na medida em que ela é "o conceito realizado em si mesmo", na medida em que ela é "a dialética do espírito dos povos" e "o tribunal universal".[5]

Com escárnio, chamou-se essa história hegeliana da marcha de Deus sobre a Terra; um Deus, por sua vez, que é criado pela história. Mas esse Deus se tornou, no interior da cabeça hegeliana, transparente e compreensível, superando todos os estádios dialéticos possíveis de seu devir, até sua autorrevelação: de sorte que, para Hegel, o ápice e o fim último do processo universal coincidem em sua própria existência berlinense. Aliás, ele deveria dizer que todas as coisas que viriam depois dele deveriam ser avaliadas como uma coda musical do rondó da história universal ou, de forma mais apropriada, como supérfluas. Isso ele não disse: ele plantou nas gerações por ele fermentadas a admiração pelo "poder da história", que envolve praticamente todo instante na admiração nua do desfecho e conduz à idolatria do factual, para cujo serviço agora se esmera no mote mitológico e, além disso, bem alemão de universalmente "levar em conta os fatos". Mas isso é para quem aprendeu a se curvar e a baixar a cabeça diante do "poder da história", quem enfim a balança com seu "sim", mecanicamente, como uma marionete chinesa, a todo poder, seja do governo, da opinião pública ou da maioria numérica, e que movimenta seus membros no mesmo

---

5. Referência à famosa frase de Hegel, na sua *Filosofia da história*: "*Die Weltgeschichte ist das Weltgericht*" (A história universal/do mundo é o tribunal universal/do mundo"). *Weltgerichte* também quer dizer Juízo Final.

ritmo em que um poder qualquer titereia.[6] Contivesse aquele resultado uma necessidade racional em si, fosse aquele evento a vitória da lógica ou da "Ideia" – então que todos se ajoelhassem logo nos degraus dos "resultados"! Quê! Não existiria mais nenhuma mitologia dominante? Quê! As religiões se extinguiriam? Reparem na religião do poder histórico, deem atenção aos sacerdotes da mitologia das Ideias e seus joelhos esfolados! Todas as virtudes não estão no séquito dessa nova crença? Ou não é falta de individualidade quando o homem histórico se deixa desvanecer até virar um espelho objetivo? Não é magnânimo abdicar de toda violência no céu e na terra de modo que em cada violência a violência seja cultuada em si mesma? A justiça não tem sempre a balança nas mãos, apurando para que lado pende o mais forte e pesado? E que escola do bom comportamento é tal consideração da história! Tomar tudo objetivamente, sem ódio nem amor, tudo compreender, suave e delicadamente: e mesmo quando alguém educado nessa escola se enfurece e se enerva, satisfaz-se em saber que é artisticamente; é *ira* [ódio] e *studium* [es-

---

6. No alemão, "*am Faden ziehen*" que, como no inglês "*to pull the strings*", provém da imagem do titereiro; literalmente significa "puxar os fios" e figurativamente quer dizer controlar, exercer influência. Seguimos aqui a sugestão de ambos os tradutores de língua inglesa de fazer referência às marionetes chinesas, o que está implícito no texto em alemão: "*der nickt zuletzt chinesenhaft-mechanisch sein 'Ja' zu jeder Macht*" ("que enfim balança a cabeça com seu 'sim', de forma mecânico-chinesa, a todo poder").

tudo], mas completamente *sine ira et studio* [sem ódio e sem parcialidade].[7]

Mas que pensamentos antiquados contra tal complexo de mitologia e virtude trago eu no coração! Mas eles devem ser expostos, mesmo que só produza o riso. Também diria: a história sempre insiste, "era uma vez"; a moral, "não devem" ou "não deveriam". Assim a história se torna um compêndio de uma imoralidade factual. Quão difícil se enganaria aquele que visse a história ao mesmo tempo como juíza dessa imoralidade factual! Ofende a moral, por exemplo, que um Rafael devesse morrer aos trinta e seis anos: uma tal pessoa não deveria morrer. Querem agora o auxílio da história, como apologistas do factual, então devem dizer: ele expressou o que estava nele, ele teria, numa vida mais longa, podido criar sempre o belo como o mesmo belo, não como um novo belo, etc. São advogados do diabo, quando conseguem fazer do fato o seu ídolo: enquanto o fato é sempre estúpido e em toda época ele se aproxima mais de um bezerro do que de um deus. Além disso, como apologistas da história, é a ignorância que lhes sopra as respostas: pois é não saber o que é uma *natura naturans* [natureza criadora] como Rafael que faz que não ouçam com força que ela se foi e não mais existirá. Sobre Goethe, alguém nos ensinou ultimamente que ele se esgotou aos oitenta e dois anos: gostaria de comparar os poucos anos de um Goethe "esgotado" com um vagão inteiro de currículos frescos e ultramodernos,

---

7. Frase de Tácito sobre como realizava seu trabalho de historiador.

para poder tomar parte de debates como os mantidos entre Goethe e Eckermann, para, dessa maneira, precaverme de todo ensinamento atual dos legionários do instante. Quão poucos vivos têm, diante desses mortos, o direito de viver! O fato de que muitos vivem e aqueles poucos não mais vivem não é nada mais que uma verdade brutal, isto é, uma estupidez insuperável, um desajeitado "era uma vez" em contraposição à moral do "não deveria ser assim". Isso mesmo, em contraposição à moral! Pois que se fale da virtude que se queira, da justiça, da magnanimidade, da coragem, da sabedoria e da compaixão do homem – em todo lugar isso é virtude na medida em que se indigna contra o poder cego dos fatos, contra a tirania do real e se submete a leis que não são as leis daquelas flutuações históricas. Ela sempre nada contra as ondas da história, seja lutando contra suas paixões como a próxima facticidade burra de sua existência ou se exigindo a honestidade, enquanto a mentira tece sua brilhante teia em sua volta. Se a história não fosse nada além que "o sistema universal da paixão e do erro", então o homem teria de nela ler, como Goethe fazia ler o *Werther*, igualmente como se gritasse: "seja um homem e não me siga!" Felizmente, ela preserva também a memória das grandes lutas *contra a história*, ou seja, contra o poder cego do real, e se coloca assim no pelourinho para destacar como autêntica natureza histórica aquele que se preocupa menos com "assim são as coisas", para, ao contrário, seguir um "assim devem ser as coisas". Não levar sua geração à cova, mas fundar uma nova geração – isso os leva insistentemente adiante: e se eles mesmo nascerem como rebentos tardios – existe uma maneira de esquecer isso; as gerações futuras só os conhecerão como primogênitos.

9

Talvez seja nossa época esse primogênito? – De fato, a veemência de seu sentido histórico é tão grande, sua expressão, tão universal e ilimitada, que os tempos vindouros elogiarão, no mínimo, sua primogenitura – caso venha a haver, culturalmente falando, *um tempo vindouro*. Mas resta aqui uma séria dúvida. Junto ao orgulho do homem moderno está sua *ironia* sobre si mesmo, sua consciência de viver em um estado de espírito historial e noturno, em seu temor de futuramente não mais poder resguardar suas esperanças e forças juvenis. Vez por outra, ele recai no *cinismo*, justificando o percurso da história segundo o cânone do cinismo, adequando o desenvolvimento universal para o uso do homem moderno: o que agora existe é exatamente o que devia ocorrer, o homem não devia tornar-se outra coisa senão o que é hoje; contra esse "dever" ninguém pode rebelar-se. Quem não consegue suportar a ironia se refugia no bem-estar desse cinismo; além do mais, é agraciado com a última e bela invenção da década passada, uma frase perfeita para aquele cinismo: chama-se a forma atual de ser e viver placidamente, "a completa renúncia da personalidade no processo do mundo".[1] A persona-

1. Citação da *Filosofia do inconsciente*, de Eduard von Hartmann. As citações seguintes de Hartmann provêm desse livro.

lidade e o processo do mundo! O processo do mundo e a personalidade de um pulgão! Se não se tivesse de ouvir eternamente a hipérbole das hipérboles: a palavra mundo, mundo, mundo, ele deveria, com honestidade, falar em homem, homem, homem! Herdeiros dos gregos e romanos? Do cristianismo? Isso tudo não é nada para esse cínico; herdeiros do processo do mundo, isso sim! Ápice e alvo do processo do mundo. Sentido e solução de todos os enigmas do devir, expressos no homem moderno como fruto mais maduro da árvore do conhecimento! – Eu denomino tudo isso de exaltação inflada; nesse emblema se reconhecem os primogênitos de todos os tempos, mesmo que tenham chegado por último. Nunca a consideração histórica voou tão alto, nem mesmo em sonho: agora a história humana é apenas a continuação da história animal e vegetal; e até nas profundezas do mar o universalista histórico encontra, como muco vivo, rastros de si mesmo; o caminho descomunal que o homem já percorreu, como um milagre surpreendente, desvia os olhos do milagre ainda mais surpreendente, o do homem moderno que é capaz de abarcar com os olhos esse caminho. Ele está, altivo e orgulhoso, na pirâmide do processo do mundo, ele coloca sobre ela a derradeira pedra de seu conhecimento; parece berrar para a natureza que ouve à sua volta: "alcançamos a meta, somos a meta, somos a natureza perfeita".

Europeu orgulhoso do século XIX, você está perdendo o juízo! Seu saber não completa a natureza; ao contrário, mata-a. Meça, ao menos uma vez, sua altura como conhecedor com sua baixeza como realizador.

Certamente galga os raios solares do conhecimento em direção ao céu, mas também desce em direção ao caos. Seu jeito de andar, isto é, de galgar como conhecedor, é sua fatalidade: a base e o solo recuam diante de você, em direção da incerteza; sua vida não possui mais sustentação, apenas teias de aranha que se rasgam cada vez que seu conhecimento nelas se agarra. – Mas não falarei mais nada sério sobre o assunto, já que é possível dizer algo mais jovial.

Seu dilaceramento e desfibramento colérico de todo fundamento, sua dissolução em um devir derretido e fluido, o incansável destecer e historiar tudo o que deveio através do homem moderno, o aranhão nos nós da teia cósmica – isso pode ocupar e preocupar o moralista, o artista, o devoto, assim como o estadista; devemos nos alegrar por ver tudo isso no espelho mágico e reluzente de um *parodista filosófico*, em cuja cabeça a época se tornou, para si mesma, consciência irônica, mais precisamente "até a infâmia" (para falar como Goethe). Hegel nos ensinou uma vez, "se o espírito faz um desvio, estaremos lá também, nós, filósofos": nossa época se desviou para a ironia, e vejam só! Lá também estava E. von Hartmann, que tinha escrito sua célebre *Filosofia do inconsciente* – ou melhor dizendo – sua filosofia da ironia inconsciente. É raro ler invenção mais divertida e galhofa filosófica maior que a de Hartmann; quem com ela não se esclarece sobre o *devir*, e até se prepara interiormente para ele, está realmente maduro para ter sido alguma coisa. O início e o fim do processo do mundo, dos primeiros estádios da consciência até o retorno para o nada, incluindo a tarefa de nossa geração quanto ao processo do mundo. Isso exposto a partir da fonte engenhosa da inspiração inconsciente e aclarado pela luz do apocalipse, tudo feito de forma bem enganadora e com uma seriedade circunspecta, como se tratasse de uma filosofia séria, e não de uma filosofia de entretenimento – o conjunto da obra coloca seu criador como o primeiro parodista filosófico de todos os tempos: sacrifiquemo-nos então no seu altar, sacrifiquemos a ele, o inventor de uma panaceia, um cacho de cabelo – para roubar uma expressão de deslumbramento schleiermacheriana. Pois que remédio seria mais salutar contra o excesso de cultura histórica que a paródia de Hartmann da história universal?

Quem quisesse expressar, com justa rispidez, o que Hartmann nos anuncia do tripé enfumaçado e envolvente da ironia inconsciente, diria: ele afirma que nossa época deverá ser assim como ela é apenas quando a humanidade se satisfizer seriamente com sua existência, o que acreditamos de coração. Aquela terrível fossilização da época e aquele bater inquieto de ossos – como David Strauss, ingenuamente, nos esboçava como a mais bela facticidade – foram justificados por Hartmann, não retrospectivamente, *ex causis efficientibus* [a partir de causas eficientes], mas prospectivamente, *ex causa finali* [a partir de causas finais]; deixe a galhofa do Dia do Juízo Final lançar luz sobre nossa época, e lá se achará que ela é muito boa, nomeadamente para aquele que quer padecer da mais forte dispepsia da vida possível e não pode desejar fortemente o Dia do Juízo Final. Embora Hartmann, segundo seu esboço, chame a era em que a humanidade se aproxima da "idade do homem", isto é, o estado mais feliz que há da "pura mediocridade", em que a arte é "a farsa a que o negociante berlinense assiste à noite", em que "os gênios não são mais necessários, porque, como se diz, isso seria lançar pérolas aos porcos ou também porque já se avançou daquele estádio, no qual gênios eram necessários, para um mais importante", para aquele estádio do desenvolvimento social em que cada trabalhador "em uma jornada de trabalho, que lhe permite suficiente folga para sua formação intelectual, leva uma existência confortável". Galhofeiro de todos os galhofeiros, você discorre sobre a nostalgia da época atual: sabe igualmente que tipo de fantasma estará aguardando no final dessa era da humanidade, como resultado daquela formação intelectual para a pura mediocridade – o nojo. Vê-se que ela é péssima, mas vai piorar muito mais, "é visível que o anticristo se alastra" – mas ele *deve* estar, ele *deve* vir, pois, com o todo, estamos no melhor caminho – de nojo diante de todo existente. "Por isso, siga para o alto no processo do mundo como trabalhador no vinhedo do Senhor, pois o processo é aquilo que pode conduzir à redenção!".

O vinhedo do Senhor! O processo! Para a redenção! Quem não vê e ouve aqui a cultura histórica que só conhece a palavra "devir"? Como ela, intencionalmente, se disfarça numa deformidade paródica, como ela, através de uma careta grotesca, diz as coisas mais pérfidas! Pois o que propriamente exige esse último chamado piadista aos trabalhadores em vinhedos? A que trabalho se deve ansiar ativamente? Ou para perguntar de outra forma: o que o cultivado em assuntos históricos ainda resta a fazer, o fanático moderno do processo, que nada e se afoga no fluir do devir, para mais uma vez plantar o nojo, aquela saborosa uva do vinhedo? – Ele nada tem a fazer senão continuar a viver o que já viveu, continuar a amar o que já amou, continuar a odiar o que já odiou, continuar a ler o jornal que já leu; para ele existe apenas um pecado – viver de forma diferente da que viveu. Mas como ele viveu, aquela célebre página nos diz, grafada na pedra, com excessiva nitidez, com frases em negrito, sobre as quais toda a hodierna fermentação cultural caiu em um entusiasmo cego e em uma cólera entusiasmada, porque acreditava ler nessa frase sua própria justificação e além disso sua justificação à luz apocalíptica. Pois o parodista inconsciente exige de cada indivíduo "a completa renúncia da personalidade no processo do mundo, em nome de sua finalidade, em nome da redenção do mundo" ou, mais claro e evidente: "a afirmação da vontade de vida é proclamada correta apenas preliminarmente; pois apenas o abandono da vida e de suas dores, mas não em uma abdicação pessoal covarde e renúncia, é algo a ser feito para o processo do mundo", "o ímpeto para a negação da vontade individual é tolo e inútil, mais tolo ainda do que o suicídio". "O leitor que reflete entenderá, sem maiores explicações, como desses princípios se construiria uma filosofia prática que não contém a cisão, mas a conciliação com a vida".

O leitor que reflete entenderá: como Hartmann pode ser mal-entendido! E como é indizivelmente divertido que o entenda mal! Os alemães atuais são muito refinados? Um inglês de coragem sente neles a falta de *delicacy of perception* [delicadeza da percepção], ousa até dizer: "*in the German mind there does seem to be something splay, something blunt-edged, unhandy and infelicitous*"[2] – O grande parodista gostaria de retrucar isso? Embora nos aproximemos, segundo sua explicação, "daquele estado ideal em que a espécie humana realiza conscientemente sua história", talvez estejamos ainda bastante distantes daquele ideal em que a humanidade lê conscientemente o livro de Hartmann. Disso resulta que nenhum homem deixará escapar de sua boca a expressão "processo do mundo" sem que dessa boca saia um sorriso; pois ele se lembrará do tempo em que a "*german mind*", com toda circunspeção, e mesmo com "a seriedade desfigurada da coruja", como dizia Goethe, escutava, entoava, discutia, honrava, disseminava e canonizava o evangelho parodista de Hartmann. Mas o mundo segue adiante, aquele estado ideal não pode ser sonhado, ele deve ser batalhado e conquistado, e o caminho da redenção só pode ser trilhado com serenidade, a redenção daquela mal-entendida seriedade de coruja. Virá o tempo que conterá sabiamente toda construção do processo universal ou também da história da humanidade, um tempo em que não se levará em consideração apenas a massa, mas novamente o indivíduo, que formará uma espécie de ponte sobre a corrente desordenada do devir. Estes não continuarão um processo, mas sim viverão na sincronicidade e na atemporalidade, graças à história, que permite esse efeito conjunto; eles viverão como uma república de gênios, como uma vez

2. O espírito alemão parece ser algo oblíquo, embotado, inútil e inapropriado.

relatou Schopenhauer; um gigante chama outro através de intervalos de tempo desérticos, impassíveis aos anões pérfidos e barulhentos que rastejam sob eles, continuando um diálogo superior. A tarefa da história é ser a mediadora entre eles e sempre dar oportunidade à criação do grandioso, emprestando-lhe força. Não, o objetivo da humanidade não se encontra no fim, mas só nos seus exemplares superiores.

Certamente nosso divertido parodista dirá, com aquela dialética admirável, que é tão autêntica quanto seus admiradores são admiráveis: "Não está de acordo com o conceito de desenvolvimento a atribuição, ao processo do mundo, de uma duração infinita no passado, porque senão aquele desenvolvimento inteligível já teria sido percorrido, o que não é o caso", (oh, que galhofeiro!), "do mesmo modo, não podemos permitir ao processo uma duração infinita no futuro; ambos os casos suprimiriam o conceito do desenvolvimento em direção a um fim" (oh, mais uma vez, que galhofeiro!) "e comparariam o processo do mundo ao tonel das Danaides. A vitória completa do lógico sobre o ilógico" (oh, galhofeiro dos galhofeiros!), "deve contudo coincidir com o fim temporal do processo do mundo, o Dia do Juízo Final". Não, espírito claro e zombeteiro, enquanto o ilógico reinar como nos dias atuais, enquanto se puder falar, com consentimento geral, como você fala, por exemplo, do "processo do mundo", o Dia do Juízo Final está ainda distante; pois ainda há muita alegria na Terra, algumas ilusões ainda vicejam, por exemplo, a ilusão dos contemporâneos com relação a você; não somos maduros o suficiente para sermos catapultados de volta ao seu nada, pois acreditamos que ainda podem acontecer coisas mais divertidas, quando se começar a entender você, inconsciente incompreensível. Mas se, apesar disso, o nojo vier com força, como assim o profetizou a seus leitores, se estiver correto no esboço que fez de seu presente e de seu futuro – e ninguém desprezou a ambos como você, com nojo, os desprezou – então estarei pronto para concordar, com a maioria, na forma que propôs, que no próximo sábado, pontualmente à meia-noite, seu mundo se aniquilará, e nosso decreto poderá rezar: a partir de amanhã cessará o tempo e os jornais não serão lançados[3]. Mas talvez não faça efeito e decretamos em vão: pois, em todo caso, não nos falta tempo para um belo experimento. Peguemos uma balança e coloquemos, em um prato, o inconsciente de Hartmann; no outro, o processo do mundo de Hartmann. Há homens que acreditam que ambos terão o mesmo peso: pois em cada prato repousaria uma palavra igualmente ruim e uma piada igualmente boa. Quando se compreende a piada de Hartmann, ninguém mais precisa usar a expressão "processo do mundo", a não ser em piadas. De fato, já é hora de avançar, com um exército de comentários sarcásticos, contra o excesso do sentido histórico, contra o prazer exagerado pelo processo, às custas do ser e da vida, contra o afastamento inconsequente de todas as perspectivas; e se pode sempre elogiar o autor da *Filosofia do inconsciente* por ser o primeiro a ter conseguido, mordazmente, sentir o ridículo da ideia de "processo do mundo" e fazer

---

3. Não mantivemos o jogo entre *Zeit* (tempo) e *Zeitung* (jornal).

que os outros também o sentissem, através da particular seriedade de sua apresentação. Que o "mundo" esteja aí, que a "humanidade" esteja aí, é algo com que não nos preocupamos nem por um instante, a não ser que queiramos fazer piada disso: pois a arrogância do pequeno verme humano é a mais alegre e divertida do palco da Terra; mas para que esteja aí, indivíduo, pergunto-lhe, e se não quiser dizer nada para ninguém, tente então, pelo menos uma vez, justificar igualmente *a posteriori* o sentido de sua existência, ao lhe oferecer mesmo um fim, um objetivo, um "para quê", um "para quê" elevado e nobre. Pereça por ele – não conheço melhor finalidade da vida do que perecer na busca do grande e impossível, *animae magna prodigus*[4]. Se, ao contrário, as doutrinas do devir soberano, da fluidez de todos os conceitos, tipos e espécies, da ausência de toda diferença cardinal entre homem e animal, doutrinas que tomo por verdadeiras mas letais – na sanha de ensinamentos hoje habituais, for lançada ao povo por mais uma geração, não é de admirar quando um povo decline por pequenez egoísta e miséria, por fossilização e egoísmo, primeiro desmoronando e deixando de ser povo: em seu lugar poderão surgir talvez, na arena do futuro, sistemas de egoísmos individuais, fraternizações para fins de pilhagem dos não irmãos e criações semelhantes de vulgaridade utilitária. Que se vá adiante para preparar essa criação de escrever a história do ponto de vista das *massas* e procurar aquelas leis que

4. "Pródigo de grande alma". Expressão de Horácio, *Odes I*, significando "sem cuidado com a vida".

se deduzem das necessidades dessas massas, ou seja, segundo as leis do movimento dos estratos mais baixos de barro e argila da sociedade. As massas parecem-me merecer um olhar em apenas três aspectos: primeiro como cópias borradas dos grandes homens, produzidas em papel de má qualidade e com matrizes já gastas, depois como resistência contra os grandiosos e finalmente como instrumento dos grandiosos; no mais, ao diabo com elas e com a estatística! Como se a estatística provasse que haveria leis na história? Leis? Sim, ela prova quão vulgar e nauseantemente uniforme é a massa: devem-se chamar de leis os efeitos das forças gravitacionais da estupidez, do macaquear, do amor e da fome? Queremos confessar, mas com isso que se fixe a frase: quanto mais houver leis na história, essas leis não terão valor e a história não terá valor. Mas justamente essa espécie de história é hoje estimada, essa que toma os impulsos da massa como a coisa mais importante e principal na história e considera todos os grandes homens apenas a expressão mais clara e, igualmente, como borbulhas visíveis na enchente. Daí a massa deve dar à luz, de si, a grandeza, do caos, a ordem; no fim, será entoado então o hino à massa genitora. Grandioso será chamado então tudo que moveu essa massa e, como se diz, possuiu "um poder histórico". Mas isso não quer dizer confundir intencionalmente quantidade com qualidade? Se a espessa massa encontrou de forma justa e adequada um pensamento qualquer, por exemplo, um pensamento religioso, defendeu-o duramente e o empurrou por anos: então só assim o descobridor e fundador desse pensamento será grandioso. Qual o quê! O mais nobre e o mais elevado não têm efeito sobre a massa; o sucesso histórico do cristianismo, seu poder histórico, sua dureza e sua estabilidade, felizmente, nada provam a respeito da grandeza de seu fundador, já que provariam algo contra ele: mas entre ele e o sucesso histórico repousa uma camada bem terrena e obscura de paixão, erro, ânsia por poder e honra, de uma força atuante do *imperium romanum* , uma camada da qual o cristianismo recebeu seu gosto telúrico e seu resto telúrico, que possibilitou sua continuação no mundo e igualmente fornecia sua conservação. O grandioso não deve depender do sucesso, e Demóstenes teve grandeza, embora não tivesse tido sucesso. Os seguidores mais puros e verdadeiros do cristianismo sempre colocaram em questão o seu sucesso mundano, o seu assim chamado "poder histórico", obstruindo-o mais que o fomentando; pois costumam se colocar fora "do mundo", sem se preocupar com "o processo da ideia cristã"; por isso, em sua maioria permaneceram totalmente ignorados e anônimos na história. Expresso de forma cristã: o demônio é o regente do mundo e o mestre do sucesso e do progresso; em todo poder histórico ele é o próprio poder, e assim ele permanecerá essencialmente; isso pode soar bem lamentável aos ouvidos de uma época que se acostumou com a divinização do sucesso e do poder histórico. Ela se exercitou justamente em renomear as coisas e mesmo rebatizar o demônio. É certamente a hora de um grande perigo: os homens parecem perto de descobrir que o egoísmo do indivíduo, do grupo ou das massas foi, em todos os tempos, a alavanca do movimento histórico; mas, ao mesmo tempo, ninguém se incomoda com essa descoberta, mas decreta: o egoísmo deve ser nosso deus. Com essa nova crença se está prestes a construir, com clara intenção, a história futura no egoísmo; deve apenas ser um egoísmo prudente, que se obriga a algumas restrições a fim de manter-se de forma duradoura, que justamente por isso estuda a história, para tomar conhecimento do egoísmo imprudente. Nesse estudo se aprende que cabe ao Estado uma missão bem particular no sistema universal fundador do egoísmo: ele deve se tornar o patrono de todo egoísmo prudente, para se proteger, com força militar e policial, contra o terrível desencadeamento do egoísmo imprudente. Para os mesmos fins, a história – tanto animal quanto humana – vem sendo inculcada nas perigosas, porque imprudentes, massas populares e proletárias, porque se sabe que um grão de cultura histórica é capaz de desencadear os instintos e desejos mais toscos e brutos ou conduzir à trilha do egoísmo refinado. Em suma: falando com E. von Hartmann, o homem "olha para o futuro em uma prática e confortável acomodação na pátria terrena". O mesmo escritor denomina tal período de "era viril da humanidade", zombando assim daquilo que hoje se chama "homem", como se com isso se entendesse o sóbrio egocêntrico; como ele igualmente profetiza, após essa era da humanidade, uma era senil a ela correspondente, deixando contudo com isso visível a sua zombaria para com os idosos de hoje: pois ele fala de sua serenidade madura, como eles "veem toda a paixão de sua vida pregressa irromper desordenadamente e compreendem a vaidade dos supostos fins de então". Não, corresponde a uma era humana daquele egoísmo cultivado historicamente e batido, uma era senil, de uma ambição de vida repugnante e indigna e, assim, o último ato, que

> encerra a estranha história agitada,
> em uma segunda infância e total esquecimento
> sem olhos, sem dentes, sem paladar, sem nada.[5]

Quer os perigos de nossa vida e nossa cultura provenham desses velhos devastados, desdentados e sem paladar ou dos daqueles chamados "homens" de Hartmann: diante de ambos queremos cravar com os dentes o direito de nossa *juventude* e não cansaremos de defender o futuro de nossa juventude contra aqueles iconoclastas da imagem do futuro. Mas nessa luta devemos ter uma percepção particularmente ruim: *que, intencionalmente, se fomenta, anima – e utiliza – o excesso do sentido histórico que o momento sofre.*

Mas se o utiliza contra a juventude, para esta se adestrar àquela maturidade de um egoísmo almejado em todos os lugares, utiliza-o para romper a indisposição natural da juventude ao egoísmo viril-inviril por meio de uma luz transfiguradora, quer dizer, mágico-científica. Aliás, do que o sobrepeso de história é capaz se sabe muito bem: desenraizar os instintos mais fortes da juventude, como fogo, repúdio, autoesquecimento e amor, abrandar o calor do seu sentimento de justiça, murchar lentamente seus desejos com os desejos contrários de estar rapidamente pronta, útil, fértil, pressioná-la para baixo ou para trás, adoecer a honestidade e polidez das sensações por meio da dúvida; ele

---

5. Shakespeare, *Como gostais*, Ato 2, Cena 7.

é mesmo capaz de enganar a juventude em relação ao seu próprio belo privilégio de poder plantar, com inteira fé, um grande pensamento, e permitir que dele saiam outros ainda maiores. Um certo excesso de história é capaz de tudo, já vimos: ainda mais que não mais se permite ao homem que ele sinta e aja *aistoricamente*, por meio de um crescente afastamento de perspectivas e horizontes e do afastamento da atmosfera envolvente. Ele então puxa a infinitude do horizonte para si mesmo, de volta ao círculo estreito do egoísmo e deve por isso apodrecer e ressecar-se: talvez ele alcance a prudência; nunca a sabedoria. Ele se deixa falar, calcular e se pacificar com os fatos, não se destempera, pisca e sabe procurar a própria vantagem e partido na vantagem e desvantagem alheia; ele desaprende a vergonha supérflua e se torna progressivamente o "homem" e "idoso" hartmanniano. Mas é isso que ele *deve* se tornar, é justamente isso o sentido da agora tão cinicamente exigida "completa renúncia da personalidade no processo do mundo" – em nome de seu objetivo, da redenção do mundo, como nos assegura E. von Hartmann, o galhofeiro. Agora, é difícil que a vontade e o objetivo daquele "homem" e "idoso" hartmanniano sejam justamente a redenção do mundo: certamente o mundo estaria redimido se se redimisse desses homens e idosos. Aí então adviria o reino da juventude!

10

Neste momento, pensando na *juventude*, eu brado: terra à vista! Terra à vista! Satisfeito e mais que satisfeito desta viagem emotiva, exploradora e errante em direção a mares estranhos e sombrios! Finalmente, agora surge uma costa: para saber como ela é, preciso nela aportar, e o pior porto de emergência é melhor do que voltar a balançar na infinitude desesperançada e cética. Paremos primeiro em terra; depois encontraremos os bons portos e facilitaremos a chegada dos que virão.

Essa viagem foi perigosa e emocionante. Quão distantes estamos do olhar tranquilo com que de início víamos nosso navio navegar. Presumindo os perigos da história, encontramo-nos fortemente unidos; nós mesmos trazemos à luz os rastros daqueles sofrimentos que, em consequência do excesso de história, acometem o homem da nova era, e justamente este tratado mostra como não procuro enganar-me sobre o seu caráter moderno, o caráter da personalidade fraca, que está na desmedida de sua crítica, na imaturidade de sua humanidade, na passagem constante entre orgulho e ceticismo. E contudo confio na força inspiradora que, ao contrário do gênio, desvia o navio; confio na *juventude* que me conduziu, quando agora necessito de um *protesto contra a educação histórica da juventude do homem moderno* e quando o protestador exige que o homem necessite da história sobretudo para aprender a viver; apenas *a serviço da vida é que se aprende.* É preciso ser jovem para entender este protesto; aliás se pode, dada a vetustez da juventude atual, quase não ser jovem o suficiente para perceber contra quem se protesta aqui. Como auxílio, tomarei um exemplo. Na Alemanha, há menos que um século, surgiu em alguns jovens o instinto natural para aquilo que se chama poesia. Pensam que as gerações anteriores, naquela época, nada falaram daquela arte, para eles internamente estranha e inatural? Sabe-se do contrário: que elas refletiram, escreveram, discutiram intensamente sobre a "poesia", mas com palavras, palavras e palavras. Aquele despertar de uma palavra para vida não foi igualmente a morte dos seus criadores, em certo sentido eles ainda vivem; pois quando, como disse Gibbon[1], é preciso muito tempo para que um mundo decline, do mesmo modo é preciso muito tempo para que, na Alemanha, "a terra do processo paulatino", um falso conceito decline. Pelo menos talvez haja centenas de homens, distantes há mais de um século, que sabiam o que é a poesia; talvez, depois de centenas de anos, haverá novamente mais centenas de homens que entrementes tenham aprendido o que seja a cultura, algo que os alemães até agora não possuem, mesmo que falem ou se orgulhem disso. O contentamento geral dos alemães com sua cultura lhes parecerá tão incrível e medíocre

---

1. Edward Gibbon (1737–94), historiador inglês.

quanto, para nós, foi o reconhecimento de Gottsched[2] como um clássico e Ramler[3] como o Píndaro alemão. Talvez eles julgarão que essa cultura seja apenas uma espécie de saber acerca da cultura e por isso seja certamente um saber falso e superficial. Falso e superficial porque carrega a contradição entre vida e saber, porque não vê o característico em todo povo de cultura verdadeira: que a cultura só pode medrar e florescer a partir da vida; enquanto ela é, entre os alemães, plantada como uma flor de papel ou regada com açúcar, e por isso deve sempre permanecer como mendaz e estéril. A educação da juventude alemã, contudo, parte desse conceito falso e estéril de cultura: seu objetivo, pensado de forma pura e elevada, não é o homem culto e livre, mas o erudito, o homem científico e ainda o mais precoce homem científico possível, que se afasta da vida para conhecer de forma certa e precisa; seu resultado, vendo de forma justa, empírica e comum, é o filisteu da cultura histórico-estética, que tagarela, esperto e novidadeiro, sobre o Estado, a Igreja e arte, o sensor de milhares de sensações, o estômago insaciável, mas que não sabe o que é uma fome e uma sede justas. Que são inaturais os objetivos de tal educação e seu resultado, isso sente aquele que ainda não foi feito para ele, que só sente o instinto da juventude, porque ainda possui o instinto da natureza, que se quebrou, de forma artificial e violenta, através daquela educação. Quem contudo

2. Johann Christoph Gottsched (1700–66), filósofo alemão e crítico literário.

3. Karl Wilhelm Ramler (1725–98), poeta e tradutor alemão.

quer romper com essa educação, que quer ajudar a juventude a se pronunciar, esse deve iluminar, com a claridade dos conceitos, a recusa que lhes é inconsciente, tornando-a consciente a uma consciência que fala alto. Como pode ele alcançar esse inusitado objetivo?

Sobretudo destruindo uma superstição, a crença na *necessidade* daquela forma de educação. Porém, pensa-se que não haveria outra possibilidade senão a da nossa tão lamentável realidade. Basta alguém examinar a literatura das últimas décadas produzida por nossas escolas e estabelecimentos de ensino superiores: ele verificará, para seu espanto e desgosto, como o objetivo geral do ensino é pensado uniformemente, em toda mudança de sugestões, em toda sofreguidão de contradições; como temerosamente se admite o resultado atual, o "homem culto", como hoje é entendido, como o fundamento necessário e racional de um ensino ulterior. Mas aquele cânone monótono soaria assim: o jovem deve começar com um saber acerca da cultura, não com um saber acerca da vida e muito menos com um saber acerca da própria vida e vivência. Ainda mais, esse saber acerca da cultura, como saber histórico, é misturado e administrado ao jovem; isto é, sua cabeça é entupida com um número descomunal de conceitos extraídos, no máximo, do conhecimento indireto de épocas e povos pretéritos, não da observação direta da vida. Seu anseio é entorpecido e igualmente inebriado pelo grande teatro de que seria possível sumarizar em si as mais altas e mais marcantes experiências das épocas antigas, justamente as maiores épocas. É o mesmo método absurdo que conduz nossos jovens artistas plásticos a museus e galerias, e não ao ateliê de um mestre e, sobretudo, ao ateliê da mestra única, a natureza. Como se se pudesse prever, como um passeante fugidio, na história das coisas passadas, seus pendores e artes, seu produto vital! Como se a própria vida não fosse um ofício, que se aprende profunda e firmemente, e que se exerce com labor, quando não impede que incompetentes e falastrões saiam do ovo!

Platão considerava necessário que a primeira geração de sua nova sociedade (no Estado perfeito) fosse educada com a ajuda de uma forte *mentira necessária*; as crianças deviam aprender a acreditar que tinham habitado por muito tempo, sonhando, sob a terra, onde foram prensadas e conformadas pelo artesão-mestre da natureza. Impossível se rebelar contra esse passado! Impossível se contrapor à obra dos deuses. Isso deve valer como uma cláusula pétrea da natureza: quem nasceu como filósofo tem ouro em seu corpo; como guardião, apenas prata; como artesão, ferro e bronze. Como não é possível misturar esses metais, esclarece Platão, não deve ser possível alterar e trocar a ordem das castas; a crença nessa *aeterna veritas* [verdade eterna] é o fundamento da nova educação e portanto do novo Estado. – Assim também o alemão moderno acredita na *aeterna veritas* de sua educação: e contudo essa crença ruirá, como ruiria o Estado platônico, quando a essa mentira necessária se opuser uma *verdade necessária*[4]: que o ale-

4. Jogo de palavras entre *Notlüge* (uma mentira que procura acalentar ou prevenir do pior, em uma situação de emergência) com o que seria seu antônimo, o neologismo *Notwahrheit*.

mão não possui cultura alguma, porque ele, graças a sua educação, não pode ter cultura alguma. Ele quer a flor sem caule e raiz: portanto a quer em vão. Essa é a simples verdade, uma justa verdade necessária, desagradável e áspera.

Mas é com essa verdade necessária que *nossa primeira geração* deve ser educada; é certo que ela sofrerá mais, pois deverá ensiná-la a si mesma e até contra si mesmo, para chegar a um novo hábito e uma nova natureza a partir de uma natureza e de um hábito anteriores e envelhecidos: de tal modo que ela possa falar entre si, em espanhol antigo, "*Defienda me Dios de my*", "Deus, defendei-me de mim", ou seja, de minha natureza já educada. Ela pode provar daquela verdade gota a gota, como um remédio amargo e forte, e cada indivíduo dessa geração deve se superar, julgar a si mesmo, o que ele suportaria ainda mais facilmente do que um juízo geral sobre toda sua época: somos sem cultura, mais ainda, fomos destituídos da vida, do simples e correto ver e ouvir, da apreensão feliz do que é próximo e natural, e não possuímos até hoje o fundamento de uma cultura, porque não estamos, nós mesmos, convencidos de ter em nós uma vida verdadeira. Despedaçado e destroçado, dividido meio mecanicamente, em seu conjunto, em um interior e um exterior, semeando conceitos como quem semeia dentes de dragão, criando dragões conceituais, sofrendo de uma doença da palavra e sem confiança na própria sensação, quando não é carimbada com uma palavra: como uma morta e contudo assustadoramente perturbadora fábrica de conceitos e palavras tenho talvez o direito de dizer para mim mesmo *cogito ergo sum*, mas não *vivo ergo sum*. O "ser" vazio me é afiançado, não a inteira e verde "vida"; minha sensação originária garante apenas que eu sou um ser pensante, não um vivente, que não sou um animal, mas um "*cogital*". Deem-me apenas vida que eu criarei, a partir dela, uma cultura! – Assim clama o indivíduo dessa primeira geração, e todos os indivíduos entre eles se reconhecerão nesse clamor. Quem lhes dará essa vida?

Nenhum deus e nenhum homem, apenas sua própria *juventude*: esta, estando livre, terá libertado a vida. Pois ela repousava escondida, na prisão, não está estragada e morta – perguntem a si mesmos!

Mas essa vida libertada está doente e tem de ser curada. Adoece de tanta miséria e não sofre apenas por lembrar o sofrimento em suas amarras – ela sofre, no que nos diz respeito principalmente aqui, da *doença histórica*. O excesso de história agrediu a força plástica da vida, ela não sabe mais se servir do passado como um alimento poderoso. A miséria é terrível, mas em vão! Se a juventude não tivesse o dom previdente, ninguém saberia que ela está na miséria e que o paraíso da saúde foi perdido. Essa mesma juventude adivinha contudo, com um instinto curador da mesma natureza, como recobrar esse paraíso; ela conhece o bálsamo e o medicamento contra a doença histórica, contra o excesso do histórico: como eles se chamam?

Não se admire que sejam nomes de venenos: o antídoto contra o histórico se chama – *o aistórico e o supra-histórico*. Com esses nomes retornamos ao início de nossa consideração e à sua bonança.

Com a palavra "aistórico" designo a arte e a força de poder *esquecer* e se fechar em um horizonte delimitado; chamo de "supra-histórico" o poder de desviar a visão do devir em direção daquilo que dá à existência o caráter da eternidade e identidade, a *arte* e a *religião.* A *ciência* – pois é ela que falaria de venenos – veria naquela força, nesses poderes, poderes e forças adversários; pois ela considera verdadeiro e correto apenas a reflexão objetiva, portanto a reflexão científica, que vê em todo lugar algo que veio a ser, algo histórico, e em nenhum lugar um ser, algo eterno; ela vive do mesmo modo em uma contradição eterna contra os poderes perpetuadores da arte e da religião, como se ela odiasse o esquecimento, a morte do conhecimento, como se ela procurasse suprimir a limitação de horizontes para inserir o homem em um mar infinito e ilimitado de ondas luminosas do conhecimento do devir.

Se ele pudesse aí viver! Assim como as cidades desmoronam e ficam desertas em um terremoto e o homem só sai de sua casa, no solo vulcânico, tremendo e fugidio, a vida colapsa, tornando-se fraca e temerosa, quando o *terremoto de conceitos* que a ciência provoca toma do homem a crença no fundamento de toda segurança e tranquilidade, a crença no permanente e no eterno. Deve a vida imperar sobre o conhecimento, sobre a ciência, deve o conhecimento imperar sobre a vida? Qual das forças é a superior e decisiva? Ninguém duvidará: a vida é superior, a força imperante, pois um conhecimento que destruísse a vida seria destruído por si mesmo. O conhecimento pressupõe a vida, tendo portanto o mesmo interesse na vida que qualquer criatura tem na sua sobrevivência. A ciência necessita, assim, de uma observação superior e vigilância; *uma higiene da vida* acerca-se da ciência; e a proposição dessa higiene seria: o aistórico e o supra-histórico são os antídotos naturais contra a vigilância da vida pelo histórico, contra a doença histórica. É provável que nós, os doentes históricos, também tenhamos de sofrer com esse antídoto. Mas esse sofrimento não é uma prova contra a adequação do tratamento.

E aqui reconheço a missão daquela *juventude*, daquela primeira geração de guerreiros e caçadores de serpentes, que antecipa uma cultura e humanidade felizes e belas, sem ter das alegrias futuras e da primeira beleza não mais que uma ideia positiva. Essa juventude sofrerá, ao mesmo tempo, do mal e do antídoto; apesar disso acredita poder se celebrizar por uma saúde forte e uma natureza mais natural, mais que sua geração anterior, os "homens" cultos e "vetustos" da atualidade. Sua missão, contudo, é abalar os conceitos de "saúde" e "cultura" da atualidade e fomentar escárnio e ódio contra esses híbridos monstros de conceitos; o indício e maior garantia de sua forte saúde deve ser justamente o de que essa juventude não precisa utilizar nenhum conceito, nenhuma palavra de ordem tirada da inundação de moedas verbais e conceituais da atualidade para nomear sua essência; é convencida por um poder atuante, batalhador, discriminador e distintivo presente nela e por um sentimento vital crescente em cada momento. Pode-se discutir se essa juventude já possui cultura – mas isso é uma objeção para que juventude? Pode-se apontar sua aspereza e desmedida – mas ela ainda não é idosa e sábia o bastante para se satisfazer com isso; sobretudo, ela não precisa de nenhuma cultura pronta para fingir e defender, e aproveita todas as consolações e prerrogativas da juventude, sobretudo a prerrogativa da honestidade corajosa e impulsiva e a consolação entusiástica da esperança.

Sei que esses esperançosos conhecem todas essas generalidades de perto e que se traduzirão, com sua experiência mais própria, em uma doutrina pensada pessoalmente; os outros, às vezes, não poderão perceber senão tigelas cobertas, que bem podem estar vazias; até que eles, surpresos com os próprios olhos, vejam que as tigelas estão cheias, e que agressões, exigências, impulsos vitais, paixões estão empacotados e espremidos nessas generalidades, que não poderiam ficar por muito tempo cobertos. Volto-me, por fim, a esses céticos da época que mostra tudo à luz, em direção daquela sociedade de esperançosos, para lhes contar, por meio de símbolos, o passo e o percurso de sua cura, sua salvação da doença histórica, e com isso sua própria história, até o momento em que serão saudáveis novamente para realizar história e se dedicar ao passado sob o domínio da vida, naqueles três sentidos, ou seja, monumental, antiquário ou crítico. Nesse momento, serão menos conhecedores do que os "cultos" da atualidade; pois muito terão desaprendido e mesmo perdido a vontade de vislumbrar aquilo que esses cultos querem saber antes de tudo; suas características são, do ponto de vista daqueles cultos, justamente "incultura": sua indiferença e introspectividade contra muita coisa célebre, até mesmo boa. Mas eles, no fim de sua cura, tornaram-se novamente *humanos* e deixaram de ser agregados antropomorfos – isto é alguma coisa! Ainda são esperanças! Não sorriem com satisfação, esperançosos?

Perguntarão: como chegaremos àqueles fins? O deus délfico chama-os, desde o início de sua caminhada para aqueles fins, com sua sentença: "Conhece-te a ti mesmo". É uma sentença difícil: pois aquele deus "não diz e nem oculta, mas dá sinais",[5] como disse Heráclito. Para onde ele os orienta?

Houve séculos em que os gregos se encontravam no mesmo perigo em que nos encontramos, ou seja, de sucumbir na inundação do estrangeiro e do passado, na "história". Eles nunca viveram numa intangibilidade orgulhosa: sua "cultura", ao contrário, foi sempre, por muito tempo, um caos de formas e conceitos estrangeiros, semíticos, babilônicos, lídios, egípcios, e sua religião, uma verdadeira batalha de deuses de todo o Oriente: semelhante a como hoje a "cultura alemã" e a religião são em si um caos de toda uma terra estrangeira, de toda uma época anterior. E, apesar disso, a cultura helênica não era um aglomerado, graças àquela sentença apolínea. Os gregos aprenderam aos poucos a *organizar o caos* ao se voltarem, segundo o ensinamento délfico, a refletir sobre si, isto é, sobre suas necessidades autênticas, e deixar perecer as necessidades ilusórias. Assim eles tornaram a se apoderar de si; não permaneciam mais herdeiros e epígonos saturados de todo o Oriente;

5. Heráclito, "Fragmento 93". Trad. José Cavalcanti de Souza. *Pré-Socráticos* (Coleção "Os Pensadores"). São Paulo: Abril Cultural, 1991.

eles se tornaram, pela luta laboriosa consigo mesmos, através da prática da interpretação daquela sentença, os continuadores e multiplicadores do tesouro herdado e modelos e primogênitos de toda cultura futura do povo.

Essa é uma alegoria para cada um de nós: deve-se organizar o caos que se tem em si, tornando a refletir sobre suas maiores necessidades. Sua honestidade, seu caráter corajoso e veraz, deve em algum momento se posicionar contra o fato de se tornar sempre algo repetido, reaprendido, imitado; começa-se então a compreender que a cultura pode ser algo diferente de uma *decoração da vida*, isto é, de algo, no fundo, sempre fingimento e dissimulação; pois todo adereço esconde o que adereça. Assim se desvela o conceito grego de cultura – em oposição ao romano –, o conceito de cultura como uma *physis* [natureza] nova e aprimorada, sem interior e exterior, sem fingimento e convenção, a cultura como uma consonância entre vida, pensamento, aparência e querer. Assim ele aprende, por experiência própria, que isso era a força superior da natureza *moral* que propiciou aos gregos a vitória sobre as outras culturas, e que aquele aumento de veracidade também deve ser uma exigência preparatória de uma *verdadeira* cultura: se essa veracidade puder prejudicar seriamente, em uma oportunidade, a cultura em voga, ela poderá ajudar a levar à queda toda uma cultura decorativa.

COLEÇÃO HEDRA

1. *Iracema*, Alencar
2. *Don Juan*, Molière
3. *Contos indianos*, Mallarmé
4. *Auto da barca do Inferno*, Gil Vicente
5. *Poemas completos de Alberto Caeiro*, Pessoa
6. *Triunfos*, Petrarca
7. *A cidade e as serras*, Eça
8. *O retrato de Dorian Gray*, Wilde
9. *A história trágica do Doutor Fausto*, Marlowe
10. *Os sofrimentos do jovem Werther*, Goethe
11. *Dos novos sistemas na arte*, Maliévitch
12. *Mensagem*, Pessoa
13. *Metamorfoses*, Ovídio
14. *Micromegas e outros contos*, Voltaire
15. *O sobrinho de Rameau*, Diderot
16. *Carta sobre a tolerância*, Locke
17. *Discursos ímpios*, Sade
18. *O príncipe*, Maquiavel
19. *Dao De Jing*, Lao Zi
20. *O fim do ciúme e outros contos*, Proust
21. *Pequenos poemas em prosa*, Baudelaire
22. *Fé e saber*, Hegel
23. *Joana d'Arc*, Michelet
24. *Livro dos mandamentos: 248 preceitos positivos*, Maimônides
25. *O indivíduo, a sociedade e o Estado, e outros ensaios*, Emma Goldman
26. *Eu acuso!*, Zola | *O processo do capitão Dreyfus*, Rui Barbosa
27. *Apologia de Galileu*, Campanella
28. *Sobre verdade e mentira*, Nietzsche
29. *O princípio anarquista e outros ensaios*, Kropotkin
30. *Os sovietes traídos pelos bolcheviques*, Rocker
31. *Poemas*, Byron
32. *Sonetos*, Shakespeare
33. *A vida é sonho*, Calderón
34. *Escritos revolucionários*, Malatesta
35. *Sagas*, Strindberg
36. *O mundo ou tratado da luz*, Descartes
37. *O Ateneu*, Raul Pompeia
38. *Fábula de Polifemo e Galateia e outros poemas*, Góngora
39. *A vênus das peles*, Sacher-Masoch
40. *Escritos sobre arte*, Baudelaire
41. *Cântico dos cânticos*, [Salomão]
42. *Americanismo e fordismo*, Gramsci
43. *O princípio do Estado e outros ensaios*, Bakunin
44. *O gato preto e outros contos*, Poe
45. *História da província Santa Cruz*, Gandavo
46. *Balada dos enforcados e outros poemas*, Villon
47. *Sátiras, fábulas, aforismos e profecias*, Da Vinci
48. *O cego e outros contos*, D.H. Lawrence
49. *Rashômon e outros contos*, Akutagawa

50. *História da anarquia (vol. 1)*, Max Nettlau
51. *Imitação de Cristo*, Tomás de Kempis
52. *O casamento do Céu e do Inferno*, Blake
53. *Cartas a favor da escravidão*, Alencar
54. *Utopia Brasil*, Darcy Ribeiro
55. *Flossie, a Vênus de quinze anos*, [Swinburne]
56. *Teleny, ou o reverso da medalha*, [Wilde et al.]
57. *A filosofia na era trágica dos gregos*, Nietzsche
58. *No coração das trevas*, Conrad
59. *Viagem sentimental*, Sterne
60. *Arcana Cœlestia* e *Apocalipsis revelata*, Swedenborg
61. *Saga dos Volsungos*, Anônimo do séc. XIII
62. *Um anarquista e outros contos*, Conrad
63. *A monadologia e outros textos*, Leibniz
64. *Cultura estética e liberdade*, Schiller
65. *A pele do lobo e outras peças*, Artur Azevedo
66. *Poesia basca: das origens à Guerra Civil*
67. *Poesia catalã: das origens à Guerra Civil*
68. *Poesia espanhola: das origens à Guerra Civil*
69. *Poesia galega: das origens à Guerra Civil*
70. *O chamado de Cthulhu e outros contos*, H.P. Lovecraft
71. *O pequeno Zacarias, chamado Cinábrio*, E.T.A. Hoffmann
72. *Tratados da terra e gente do Brasil*, Fernão Cardim
73. *Entre camponeses*, Malatesta
74. *O Rabi de Bacherach*, Heine
75. *Bom Crioulo*, Adolfo Caminha
76. *Um gato indiscreto e outros contos*, Saki
77. *Viagem em volta do meu quarto*, Xavier de Maistre
78. *Hawthorne e seus musgos*, Melville
79. *A metamorfose*, Kafka
80. *Ode ao Vento Oeste e outros poemas*, Shelley
81. *Oração aos moços*, Rui Barbosa
82. *Feitiço de amor e outros contos*, Ludwig Tieck
83. *O corno de si próprio e outros contos*, Sade
84. *Investigação sobre o entendimento humano*, Hume
85. *Sobre os sonhos e outros diálogos*, Borges | Osvaldo Ferrari
86. *Sobre a filosofia e outros diálogos*, Borges | Osvaldo Ferrari
87. *Sobre a amizade e outros diálogos*, Borges | Osvaldo Ferrari
88. *A voz dos botequins e outros poemas*, Verlaine
89. *Gente de Hemsö*, Strindberg
90. *Senhorita Júlia e outras peças*, Strindberg
91. *Correspondência*, Goethe | Schiller
92. *Índice das coisas mais notáveis*, Vieira
93. *Tratado descritivo do Brasil em 1587*, Gabriel Soares de Sousa
94. *Poemas da cabana montanhesa*, Saigyō
95. *Autobiografia de uma pulga*, [Stanislas de Rhodes]
96. *A volta do parafuso*, Henry James
97. *Ode sobre a melancolia e outros poemas*, Keats
98. *Teatro de êxtase*, Pessoa
99. *Carmilla — A vampira de Karnstein*, Sheridan Le Fanu

100. *Pensamento político de Maquiavel*, Fichte
101. *Inferno*, Strindberg
102. *Contos clássicos de vampiro*, Byron, Stoker e outros
103. *O primeiro Hamlet*, Shakespeare
104. *Noites egípcias e outros contos*, Púchkin
105. *A carteira de meu tio*, Macedo
106. *O desertor*, Silva Alvarenga
107. *Jerusalém*, Blake
108. *As bacantes*, Eurípides
109. *Emília Galotti*, Lessing
110. *Contos húngaros*, Kosztolányi, Karinthy, Csáth e Krúdy
111. *A sombra de Innsmouth*, H.P. Lovecraft
112. *Viagem aos Estados Unidos*, Tocqueville
113. *Émile e Sophie ou os solitários*, Rousseau
114. *Manifesto comunista*, Marx e Engels
115. *A fábrica de robôs*, Karel Tchápek
116. *Sobre a filosofia e seu método — Parerga e paralipomena (v. II, t. I)*, Schopenhauer
117. *O novo Epicuro: as delícias do sexo*, Edward Sellon
118. *Revolução e liberdade: cartas de 1845 a 1875*, Bakunin
119. *Sobre a liberdade*, Mill
120. *A velha Izerguil e outros contos*, Górki
121. *Pequeno-burgueses*, Górki
122. *Um sussurro nas trevas*, H.P. Lovecraft
123. *Primeiro livro dos Amores*, Ovídio
124. *Educação e sociologia*, Durkheim
125. *Elixir do pajé — poemas de humor, sátira e escatologia*, Bernardo Guimarães
126. *A nostálgica e outros contos*, Papadiamántis
127. *Lisístrata*, Aristófanes
128. *A cruzada das crianças/ Vidas imaginárias*, Marcel Schwob
129. *O livro de Monelle*, Marcel Schwob
130. *A última folha e outros contos*, O. Henry
131. *Romanceiro cigano*, Lorca
132. *Sobre o riso e a loucura*, [Hipócrates]
133. *Hino a Afrodite e outros poemas*, Safo de Lesbos
134. *Anarquia pela educação*, Élisée Reclus
135. *Ernestine ou o nascimento do amor*, Stendhal
136. *A cor que caiu do espaço*, H.P. Lovecraft
137. *Odisseia*, Homero
138. *O estranho caso do Dr. Jekyll e Mr. Hyde*, Stevenson
139. *História da anarquia (vol. 2)*, Max Nettlau
140. *Eu*, Augusto dos Anjos
141. *Farsa de Inês Pereira*, Gil Vicente
142. *Sobre a ética — Parerga e paralipomena (v. II, t. II)*, Schopenhauer
143. *Contos de amor, de loucura e de morte*, Horacio Quiroga
144. *Memórias do subsolo*, Dostoiévski
145. *A arte da guerra*, Maquiavel
146. *O cortiço*, Aluísio Azevedo

147. *Elogio da loucura*, Erasmo de Rotterdam
148. *Oliver Twist*, Dickens
149. *O ladrão honesto e outros contos*, Dostoiévski
150. *O que eu vi, o que nós veremos*, Santos-Dumont

«SÉRIE LARGEPOST»

1. *Dao De Jing*, Lao Zi
2. *Cadernos: Esperança do mundo*, Albert Camus
3. *Cadernos: A desmedida na medida*, Albert Camus
4. *Cadernos: A guerra começou...*, Albert Camus
5. *Escritos sobre literatura*, Sigmund Freud
6. *O destino do erudito*, Fichte
7. *Diários de Adão e Eva*, Mark Twain
8. *Diário de um escritor (1873)*, Dostoiévski

«SÉRIE SEXO»

1. *Tudo que eu pensei mas não falei na noite passada*, Anna P.
2. *A vênus das peles*, Sacher-Masoch
3. *O outro lado da moeda*, Oscar Wilde
4. *Poesia Vaginal*, Glauco Mattoso
5. *perversão: a forma erótica do ódio*, oscar wilde
6. *A vênus de quinze anos*, [Swinburne]

COLEÇÃO «QUE HORAS SÃO?»

1. *Lulismo, carisma pop e cultura anticrítica*, Tales Ab'Sáber
2. *Crédito à morte*, Anselm Jappe
3. *Universidade, cidade e cidadania*, Franklin Leopoldo e Silva
4. *O quarto poder: uma outra história*, Paulo Henrique Amorim
5. *Dilma Rousseff e o ódio político*, Tales Ab'Sáber
6. *Descobrindo o Islã no Brasil*, Karla Lima

Adverte-se aos curiosos que se imprimiu este livro em nossas oficinas, em 14 de junho de 2017, em tipologia Libertine, com diversos sofwares livres, entre eles, LuaLaTeX, git & ruby.
(v. a99a09f)